몸으로 익히는

숭실대학교 출판국

몸으로 익히는

농구

개정판 1쇄 발행 2016년 12월 30일
지은이 오세이, 전태준
펴낸이 한헌수
펴낸곳 숭실대학교 출판국
서울 동작구 상도로 369
등 록 제14-2호(1982.1.25)
TEL.02-820-0772
FAX.02-817-5297
http : //press.ssu.ac.kr
찍은곳 한컴인쇄정보
TEL.02-2274-3394
FAX.02-2274-3397
값 12,000원
ISBN 978-89-7450-357-4 03690

머리말

농구는 200여국에서 활발히 진행되고 있을 만큼 전 세계적으로 대중적인 스포츠로 자리 잡았고 경기인구도 4,000만을 넘어서고 있습니다. 국내에는 프로리그가 진행되고 있으며 엘리트 스포츠뿐만 아니라 다양한 수준의 동호인들이 즐기고 있는 생활 스포츠이기도 합니다. 한국 농구는 과거와 현재 올림픽과 아시안게임 등의 종합 국제대회에서도 좋은 성적을 거둬 국위를 선양한 몇 안 되는 구기종목이라고 할 수 있습니다.

이 스포츠의 장점은 친구, 농구공, 골대만 있으면 실내외에서 간단히 즐길 수 있으며 심지어 혼자 하는 것만으로도 다양한 체력과 기술요소를 발달시킬 수 있다는 점입니다. 다만 진정한 의미에서 농구를 즐기려면 일정 기술과 규칙 습득이 필요합니다. 이를 위해 이 교재가 보다 손쉽게 누구나 농구를 익힐 수 있도록 도움이 되었으면 합니다.

이 책이 완성될 수 있도록 모델을 자청하고 사진 촬영에 고생을 아끼지 않은 스포츠학부 정우재, 이지용 학생과 최희성, 최재훈, 서민석 원생에게 고마움을 전합니다. 특히 바쁜 와중에도 기꺼이 시간을 쪼개 도움을 준 임진선 박사와 최재섭 박사의 헌신에 경의를 표하며, 흔쾌히 교재로 편찬해 주신 숭실대학교 출판국 관계자 분들께도 감사의 말씀을 드립니다.

끝으로 부디 이 교재를 통해 농구를 몸으로 익혀 진정으로 농구를 즐길 수 있기를 기대합니다.

2016년 12월

저자일동

CONTENTS

CHAPTER 3

농구의 응용법

부록 1

농구의 기본용어

부록 2

농구경기의 규칙

CONTENTS

부록 3

세계의 농구

CHAPTER 1

농구란 무엇인가?

1. 농구의 역사

농구는 현재 농구연맹(Federation International Basketball Amateur : FIBA)에 213개국의 회원국이 가맹되어 있으며, 경기 인구도 4,000만 명을 넘어가고 있을 만큼 여전히 성장하고 있는 스포츠이다. 농구경기는 1891년 미국 매사추세츠 주 스프링필드의 YMCA 체육학교에서 근무하던 제임스 네이스미스(James Naismith)가 YMCA 체육학교에서 학생들에게 가르칠만한 실내운동을 고안하던 중 '지상에서 10피트 정도 떨어진 과일바구니에 공을 넣으면 어떨까'라는 아이디어에서 착안, 겨울스포츠의 필요성과 속도감, 그리고 실내라는 한계성을 고려해서 13개의 기본 조항을 제정한 후 처음으로 농구 경기를 창안하였다. 미식축구나 축구와 달리 몸싸움이 없는 안전한 실내스포츠로 만들고자 노력하여 만들게 되었다고 한다.

최초의 농구경기는 인원수의 제한이 없었고, 당시(1891년 12월) 참가 학생수가 18명이였던 관계로 9명씩 팀을 나누어 시합을 진행하였다. 이때 사용하였던 공은 축구공으로, 골대는 YMCA 창고에 있던 과일바구니를 양측에 3.05m 높이로 매달아 사용하였다. 최초의 경기 중 참가자들은 경기의 명칭을 네이스미스볼 이라고 부르기를 제안 했지만, 네이스미스 박사는 경기의 명칭을 Basketball이라고 명명하였다. 1895년에 한 팀을 5명으로 제한하기 전까지는 두 팀의 인원수가 한 학급의 인원수가 될 정도로 많았다. 경기규칙위원회는 공식적으로 1896년에 최초로 구성되었다. 2차 세계대전이 끝난 이후부터 농구 경기에 대한 인기와 대중화가 급격하게 고조되기 시작하면서 현재 세계적인 스포츠로 주목을 받고 있다. 농구는 1936년 제 11회 베를린 올림픽대회부터 정식 경기 종목으로 시행되고 있다.

한국 청년들의 체력을 향상시키기 위한 체육사업의 일환으로 YMCA 초대 총무인 질레트(P. L. Gillett, 한국명 길례태;吉禮泰)에 의해 1907년에 한국 최초로 소개되었다. 타 국가에 비하여 뒤늦게 전파되었는데, 그 당시 농구는 YMCA를 통하여서만 보급, 전파 되는 상황에서 우리나라는 국운의

쇠퇴와 일제의 침탈로 인하여 국권을 잃어가는 상황으로, YMCA의 설립이 다른 나라에 비하여 늦게 창설되었기 때문이다. 1920년에 YMCA회관에서 미국과 한국의 경기로 우리나라 최초의 농구시합이 진행이 되었다. 그 후 1925년에 조선바스켓볼협회가 창립되었으며, 제 1회 전조선 농구대회를 공식적으로 개최하였다. 하지만 재정문제 등의 여러 가지 어려운 사정으로 대회는 유명무실 해산되었다. 그리고 1931년에 조선농구협회가 정식 창설되었다.

1945년 광복으로 인해 조선농구협회가 재창립되었고, 1948년에 대한농구협회(KBA)로 개칭하였다. 대한체육회에 1945년 가맹하였으며, 2년 뒤에 국제 아마추어 농구연맹(FIBA)에 가입하였다. 그 후 아시아 농구연맹(Asia Basketball Federation : ABF)에 1963년 가입하였다. 한국은 로스엔젤레스에서 1984년에 있었던 23회 올림픽에서 역대 처음으로 은메달을 차지하였다.

2. 시설 및 용구

농구 코트의 천장의 높이는 최소 7m 이상은 되어야 하며, 경기의 조명은 선수가 슛을 할 때 충분히 밝혀주고 시야에 방해가 되지 않도록 해야 한다. 코트규격은 농구연맹의 주요 공식 경기에서는 길이 28m, 너비 15m이며, 농구연맹이 인정한 난제나 국가연맹이 승인한 내회에서는 길이 26m, 너비 14m의 장애물이 없는 평평한 직사각형으로 시설과 용구는 남녀가 동일하게 적용된다.

코트에는 양 사이드라인의 정중앙 지점에 센터라인이 존재하고, 엔드라인과 평행하다. 이외에 3점 슛 지역, 센터 서클, 자유투라인, 팀 벤치구역 등이 있다. 2010년부터 국내에 적용되는 농구코트의 규격은 〈그림 1-1〉과 같다.

백보드에는 〈그림 1-2〉와 같이 너비 59cm, 길이 45cm의 직사각형이 그려져있어야 하고, 바닥에서부터 2.9m높이에 너비 1.8m(+3cm), 길이 1.05m(+2cm)이어야 한다. 바스켓은 굵기가 지름 2cm인 안지름 45cm의 오렌지색 철제 링을 사용하며, 〈그림 1-3〉처럼 백색으로 짜인 길이 40cm의 그물을 통해 공이 통과할 때 잠시 머물 수 있도록 해야 한다.

공은 가죽 고무 또는 합성재료로 구성되어야 하며, 둥글어야 하며 일반적으로 오렌지색 이여야 한다. 내부에 공기를 넣었을 때 둘레 0.749~0.780m, 무게 0.567~0.650kg이여야 한다. 공을 이은 홈의 너비는 0.635cm를 초과해서는 안 되며, 공의 압력은 1.8m 높이에서 튕겼을 때 1.2~1.4m는 튀길 수 있어야 한다.

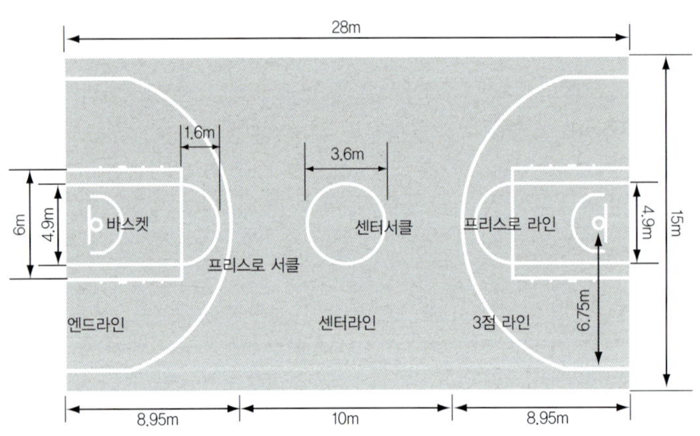

〈그림 1-1〉 농구코트의 규격

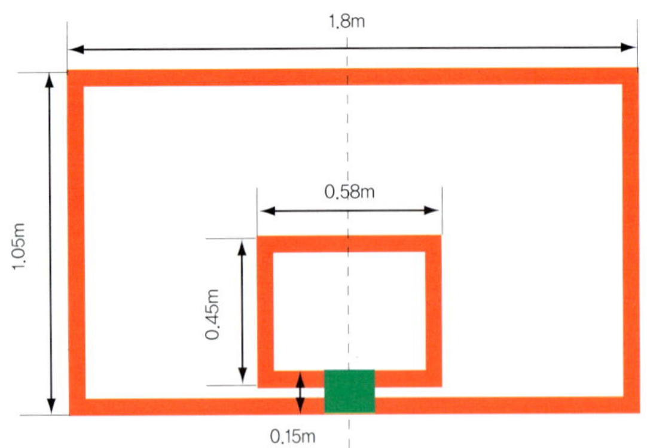

〈그림 1-2〉 백보드의 표면

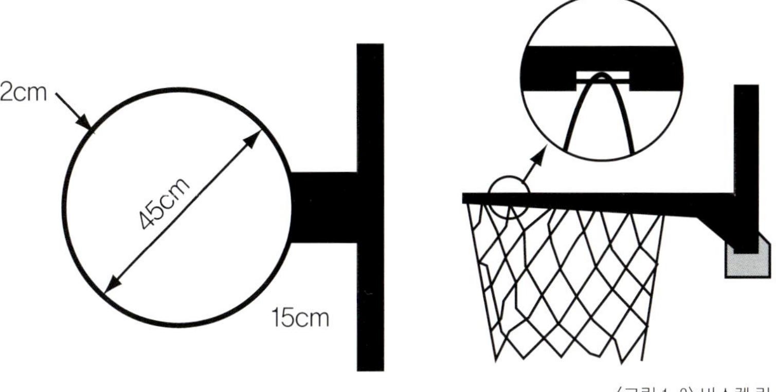

〈그림 1-3〉 바스켓 링

3. 규칙 및 경기방법

경기 시간은 10분씩 4쿼터로 진행되며, 각 쿼터 사이, 연장전의 휴식 시간은 2분으로 하며, 하프타임(2쿼터와 3쿼터사이)의 휴식시간은 12분으로 한다. 연장전의 경우 5분이 주어지며, 승부가 결정될 때까지 계속한다. 국내 중학교 경기의 경우 8분 4쿼터로 진행이 된다.

경기 도중 팀의 주장은 심판에게 궁금한 사항 등등 설명을 요구 할 수 있다. 경기 인원은 각 팀마다 5명으로 구성되며, 선수 교체는 7명까지 허용된다. 선수 번호는 4번부터 15번까지 고유번호를 사용한다. 심판은 주심, 부심 각 1명씩 위치하며, 기록원과 계시원이 심판을 돕는다.

파울로 인한 경기 중단 시 또는 터치 아웃 되었을 때 공격권을 가지고 있는 팀 내에서만 선수 교체가 가능하며 교체는 20초 이내에 이루어져야 한다. 이때 수비하는 팀은 상대팀이 선수 교체를 할 경우 교체가 가능하다.

경기의 시작은 센터라인에서 점프 볼로 시작하며, 계시원의 종료신호로 경기는 종료된다. 후반전이나, 연장전에서 전반전에 사용하지 못한 작전타임을 사용할 수 없으며, 경기가 중단되었을 경우 사용이 가능하다. 만약 공이 터치 아웃이 되었을 경우에는 공격권을 가지고 있는 팀의 감독이나 코치의 요청에 의해 작전 타임을 사용할 수 있다.

점수는 필드 슛 2점, 3점 라인 밖 골인 3점, 자유투 1점으로 계산하며, 실수에 의한 자책골 또한 점수로 계산된다. 후반전에는 양 팀의 골대를 바꾸어서 경기를 재개하고, 시합시간 동안 더 많은 득점을 하면 승리 한다.

반칙은 신체의 부적절한 접촉과 같은 개인반칙과 코치의 반칙을 포함하는 직접적인 반칙과 테크니컬 파울이 있다.

차징, 트래핑, 푸싱, 블로킹, 홀딩, 핸드체킹, 해킹 등이 개인반칙에 포함되고, 경기자, 코치, 관중 등이 스포츠맨십에 적절하지 못한 행동을 하거나, 경기진행에 방해를 끼쳤을 경우 테크니컬 파울이라고 한다.

그 외에 바이얼레이션이 있다. 개인 또는 팀이 자의적으로 범하는 실책으로, 워킹, 더블 드리블, 오버 타임, 라인 크로스, 킥킹, 하프 라인 바이레이션, 오버 드리블, 점프 볼 위반 등을 의미한다. 공은 상대팀으로 넘어가며 사이드라인에서 스로인 된다.

개인이 반칙을 했을 경우 4회 이하는 경기 참여가 가능하지만, 5회의 경우 퇴장한다. 그뿐만 아니라 5회 이상의 반칙은 상대팀에게 자유투 2개가 주어지도록 팀 반칙 규정이 적용된다. 공격자의 반칙일 경우 예외이다.

공격자가 슛을 할 때 반칙을 당할 경우 자유투가 주어지는데, 자유투 판정이 될 때 던져진 슛이 성공적으로 들어갈 경우 득점이 인정되고 추가적으로 자유투가 주어진다. 성공하지 못했을 경우 3점 슛일 경우 3개, 2점 슛일 경우 2개가 주어진다. 자유투는 심판으로부터 공을 받고 5초 이내에 슛을 해야 하며, 5초가 초과될 경우 공격권을 상대팀에게 넘겨준다.

공격은 공을 컨트롤 하며 패스나 드리블 위주로 천천히 전개하여 보다 안전하게 슛을 하는 지공과, 빠른 경기 운영으로 공격하는 속공으로 2가지로 나눠진다.

수비는 정해진 선수를 직접 방어하는 대인방어와 특정구역을 지키는 지역방어가 있다. 그 외에도 다양한 수비 방법들이 존재한다.

CHAPTER 2

농구의 기술과 연습법

1. 농구의 기술과 자세

가. 기본동작

1) 대시(dash)

게임 중 공 소유 유무와 상관없이 순간적으로 원하는 방향으로 달려가는 기술을 의미한다. 최초의 움직임을 최대한 빠르게 움직여 이동해야 한다.

2) 스톱(stop)

가) 점프 스톱(jump stop)

드리블 중에 패스 또는 슛을 하기 위해서 멈추기 전에 점프를 하여 양 발로 착지를 함으로써, 선수가 원하는 모든 방향으로 이동이 용이하도록 양 발 모두 피벗이 가능하다.

〈그림 2-1〉 점프 스톱

나) 스트라이드 스톱(stride stop)

드리블 중 공을 두 손으로 잡고 유효한 2보 스텝을 밟은 뒤 정지하는 방법이다. 첫 번째 스텝으로 딛은 발이 축이 되어 피벗 시킬 수 있다. 두 번째 스텝은 보폭을 넓게 하여 벨런스를 안정시킬 수 있다. 이 동작은 어떠한 상황에서도 벨런스를 안정적으로 만들기 쉽지만, 점프 스톱보다 풋워크가 제한적인 단점이 있다.

〈그림 2-2〉 스트라이드 스톱

다) 대시 앤 백(dash & back)

턴 오버, 공 소유권이 넘어가는 경우에는 즉각적으로 공격에서 수비로 빠르게 전환하기 위한 기술이다. 이때 프런트 코트를 향해서 후방으로 움직이는 이유는 상대 팀의 다음 상황을 살피기 위해서다. 대시 앤 백은 다양한 상황에서 사용되기 때문에 많은 상황을 설정하여 연습하는 것이 좋다.

〈그림 2-3〉 대시 앤 백

라) 피벗(pivot)

전, 후, 좌, 우로 움직이거나 회전하는 기술이다. 이때 몸이 너무 펴져있거나, 굽혀져 있지 않도록 적당해야 하며, 허리를 일정한 높이로 유지할 수 있어야 한다. 피벗은 축이 되는 발을 중심으로 움직이는 발이 뒤로 이동하면서 회전하는 것을 인사이드 피벗과, 앞으로 이동하면서 회전하는 것을 아웃사이드 피벗 2가지로 나눠진다. 피벗은 공을 지키거나, 패스, 슛을 하기 위해 사용한다. 활용도가 높은 기술이기 때문에 다양한 설정에서 연습하는 것이 효과적이다.

〈그림 2-4〉 인사이드, 아웃사이드 피벗

마) 페인트(feint)

눈속임 동작으로 상대선수가 예측하지 못하도록 하여, 드리블 중 돌파 또는 패스, 슛을 한다. 페인트는 타이밍이 중요하다. 정확한 순간에 빠르게 눈속임을 보여 상대선수에게서 빈틈을 유도해야 한다. 과도한 움직임 보다는 간결한 동작만으로 기술을 구사하는 것이 효과적이다.

〈그림 2-5〉 페인트

나. 볼 다루기

공을 갖고 원하는 모든 플레이가 가능해야 한다. 핸들링과 같은 의미로 확실한 키핑이 되어야 한다. 항상 제일 먼저 훈련을 하는 것이 좋다.

1) 볼 감각 익히기

가) 두 손으로 볼 주고받기

양손을 머리위로 들어 볼을 공중에서 좌, 우로 주고받는 연습이다. 가볍게 손목이 스냅만으로 컨트롤 하는 것이 좋다. 때와 장소에 구애 받지 않기 때문에 이디서든 연습 할 수 있다. 꾸준한 연습은 손의 감각을 키우는데 큰 도움이 된다.

〈그림 2-6〉 두 손으로 볼 주고받기

나) 몸통 주위 볼 돌리기

몸통을 중심으로 양 손을 사용하여 공을 시계방향 또는 시계 반대방향으로 돌리는 연습이다. 움직임이 자연스러워지면 돌리는 속도를 점차 증가시키면서 연습하는 것이 좋다.

〈그림 2-7〉 몸통 주위 볼 돌리기

다) 목 주위 돌리기

몸통 주위 돌리기와 마찬가지로 목을 중심으로 공을 돌린다. 공이 너무 가까이 돌아 머리에 닿을 경우 공을 놓칠 수 있다.

〈그림 2-8〉 목주위 볼 돌리기

라) 무릎 주위 8자 돌리기

난이도가 조금 높은 동작으로, 두 다리 폭을 넓히고 자세를 낮춘 상태에서 양 무릎을 중심으로 공을 8자로 돌려주는 연습이다.

〈그림 2-9〉 팔자 볼 돌리기

마) 무릎 주위 앞, 뒤 캐치

양 발의 폭을 넓히고, 낮은 자세에서 공을 양 손으로 가볍게 튀겨 몸 뒤로 보낸 후 빠르게 몸 뒤로 양손을 옮겨 공을 잡는다. 반대로 공을 가볍게 앞으로 튀긴 후 양 손을 몸 앞으로 옮겨 공을 잡는다.

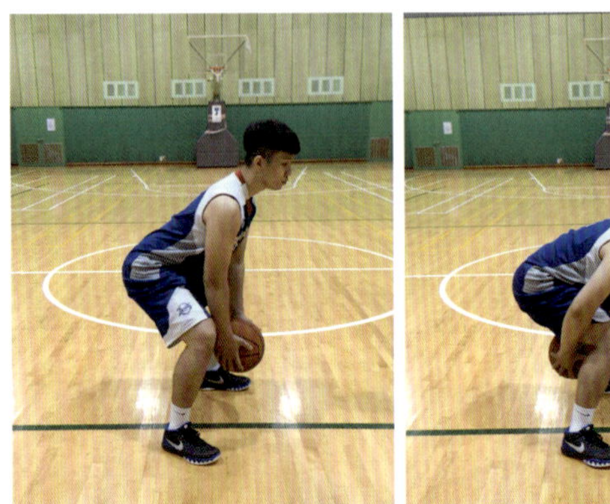

〈그림 2-10〉 앞, 뒤 볼 잡기

2) 볼 잡기와 기본자세

공을 잡고 있는 기본자세가 안정적으로 잡혀야 다양한 기술을 구사하는데 효과적이다. 양팔의 팔꿈치를 접고 양손을 가슴 앞으로 모아서 공을 가볍게 잡는다. 이때 몸에 힘을 최대한 풀어주는 것이 좋다.

〈그림 2-11〉 기본자세 (정면, 측면)

3) 패스와 캐치(pass & catch)

공격 중에 뛰어난 전략을 구사하기 위해서는 기본적으로 팀원들과 패스가 자유롭게 이루어져야 한다. 유리한 지점에 있는 팀원에게 공을 패스함으로써 공격에 유리한 지점으로 쉽게 이동이 가능하다. 또한 상대의 수비를 약화시켜 슛의 성공 가능성을 높힐 수 있다. 팀원들과 패스워크가 잘 진행이 되면 공을 소유하는 시간이 길어지고, 그 만큼 공격의 기회가 많아지기 때문에 팀플레이에 굉장히 중요하다. 불필요한 기술을 사용하여 혼자 드리블하는 것 보다 팀원과 패스를 통해 공격하는 것이 더욱 안정적이고 효과적이다.

아무리 좋은 상황에서 좋은 패스를 받더라도 공을 똑바로 캐치하지 못하면 좋은 패스는 아무 의미가 없다. 기본적인 팀플레이를 위해서는 패스뿐만이 아니라 캐치 또한 굉장히 중요하다. 캐치할 때에는 시선을 공에만 집중하는 것이 좋으며 두 팔을 공을 향해 뻗어 있다가 공이 오는 순간 두 손으로 공을 잡고 가슴까지 흡수하는 것이 공을 보다 안정적으로 캐치할 수 있다.

〈그림 2-12〉 패스와 캐치

가) 체스트 패스(chest pass)

짧은 거리에서부터 먼 거리까지 가능하며, 속공에서도 사용되는 가장 많이 이용되는 기본적인 패스이다. 양 손으로 공을 잡고 가슴 앞에 위치한 후 원하는 방향으로 공을 패스한다. 팔로스루를 통해서 패스의 정확성을 높힐 수 있으며, 패스를 할 때 손목을 강하게 사용하여 공을 역회전 시키는 것이 중요하다. 빠르고 안정적이고 정확하게 패스를 할 수 있다는 장점이 있기 때문에 가장 기본적으로 사용되는 패스이다.

〈그림 2-13〉 체스트 패스

나) 바운드 패스(bound pass)

수비자의 체격이 공격자보다 장신일 경우 체스트 패스는 어려움이 크다. 이러한 경우에 사용되는 바운드 패스는 공을 한번 튀겨서 패스하는 기술이다. 체스트 패스와 같은 자세로 기술을 구사하며, 바운드가 되는 위치는 공을 패스하는 공격자와 캐치하는 팀원과의 약 3분의 2지점이 가장 이상적으로 캐치에 용이한 위치에 공을 던져주는 것이 좋다.

〈그림 2-14〉 바운드 패스

다) 언더핸드 패스(underhand pass)

수비자와 밀착이 되어있는 골 밑과 같은 구역에서 사용되는 언더핸드 패스는 패스아웃을 위해 자주 사용되는 기술이다. 공을 양손으로 잡은 상태에서 수비자를 몸으로 막아 인터셉트를 막을 수 있다. 언더핸드 패스 또한 손목의 스냅과 시선을 잘 처리해주는 것이 중요하다.

〈그림 2-15〉 언더핸드 패스

라) 오버헤드 패스(overhead pass)

근접한 수비자의 신장이 공격자보다 작을 경우에는 수비자의 머리 위로 공을 넘겨서 가까이에 있는 팀원에게 패스하는 기술이다. 공을 패스하려는 방향으로 한 스텝을 딛고 공을 머리 위에서 팔꿈치와 손목의 스냅만을 사용하여 공을 패스한다. 주로 신장이 큰 선수들이 사용하는 기술이며 신장이 작을 경우 커트 당할 가능성이 크다.

〈그림 2-16〉 오버헤드 패스

마) 베이스볼 패스(baseball pass)

먼 거리에 있는 팀원에게 패스를 할 때 사용되는 패스는 야구에서 공을 던지는 자세와 비슷하기 때문에 베이스볼 패스라 불리 운다. 먼 거리에서 공을 빠르게 패스할 수 있다는 장점이 있기 때문에 주로 수비에서 공격으로 전환될 때 주로 사용된다. 다른 패스들에 비해 정확성이 떨어지기 때문에 보다 정확한 컨트롤이 필요하다.

〈그림 2-17〉 베이스볼 패스

바) 훅 패스(hook pass)

먼 거리 패스인 베이스볼 패스와 매우 흡사하지만 어깨 전체를 사용하기 때문에 어깨에 무리를 최소화 시킬 수 있다. 그렇기 때문에 주로 여자선수들이 사용을 하는 기술이다.

〈그림 2-18〉 훅 패스

농구는 개인경기가 아닌 팀 경기이기 때문에 팀원들과 협동 플레이가 중요하다. 팀원들과의 패스가 빠르고 정확하지 못할 경우에는 게임의 흐름을 리드하고 활발한 공격이 불가능하다. 그러므로 평상시에 팀 훈련을 할 때 꾸준한 패스 훈련이 필요하다.

사) 1 대 5 패스

이동 중 패스 능력과 캐치 능력을 향상시키기에 효과적인 훈련으로 연습자와 5명의 보조자들과 약 5미터 정도의 간격을 두고 마주보고 서서 2개의 공을 빠르게 패스 후 캐치를 하며 연습자만 사이드 스텝으로 좌, 우로 이동을 반복하고, 보조자들은 자리에서 이동하지 않는다.

아) 2인 속공 패스

속공의 가장 기본이 되는 훈련으로 두 명의 공격자가 동시에 출발하여 전진패스를 주고 받으면서 슛까지 연결시키는 훈련이다. 왕복으로 훈련이 가능하며 백코트시에는 공격자의 위치를 서로 교체하여 훈련을 한다.

〈그림 2-19〉 2인 속공 패스

자) 3인 속공 패스

2인 속공 패스와 같은 방식으로 진행을 하다가 추가된 한 명의 공격자는 사이드 라인을 따라서 대시를 한 뒤 마지막에 공을 패스 받아서 슛을 연결한다. 2인 속공 패스와 마찬가지로 왕복으로 훈련이 가능하며 백코트시에 각 공격자들의 위치만 반대로 바꿔주어 훈련한다.

4) 드리블

드리블은 농구의 기본 중 기본이라고 할 수 있다. 드리블이 가능해야 코트 내에서 자유롭게 이동이 가능한데 이때 이동은 단순히 이동만을 의미하는 것이 아니라 공격 시 수비를 돌파 또는 회피하기 위함이다. 뿐만 아니라 페스트 브레이크 상황에서 공을 좀 더 진보시키기 위한 목적도 있으며, 좀 더 좋은 패스 기회를 만들고 이를 통해 슛까지 연결하여 득점 성공률을 높이기 위해서이다. 추가적으로 백코트에서 프레스 수비에 대응하기 위해서 이다.

〈그림 2-20〉 드리블의 기본자세

가) 한 손 좌, 우 드리블

빠른 손놀림을 통하여 공을 좌, 우로 이동시키되 한번씩 바운드를 통해 이동한다. 이때 바운드가 되는 위치는 항상 일정하게 유지한다. 되도록 양손 모두 가능하도록 연습하고 컨트롤 하는 손의 높이와 리듬을 자유자제로 다루는 것이 좋다.

〈그림 2-21〉 한손 좌, 우 드리블

나) 투볼 드리블(two ball dribble)

2개의 공을 양손을 사용해 각각 공을 하나씩 드리블 연습을 한다. 처음에는 천천히 가벼운 리듬으로 양손을 같이 움직이고, 점차 적응이 되면 양손의 리듬과 속도, 형태를 다양하게 변화하여 훈련한다.

〈그림 2-22〉 투볼 드리블

다) 1 대 1 드리블

수비자 한 명과 공격자 한 명이 한 조가 되어 드리블 훈련을 한다. 공격자는 적당히 드리블 템포를 조절해가며 공격하는 동시에, 수비자는 다양한 상황에 맞는 수비스텝을 활용하여 쫓아가도록 한다. 출발은 엔드라인에서 시작하여 프론트 코트의 엔트라인까지 진행하며 백코트 시에는 역할을 교대하여 훈련한다.

〈그림 2-23〉 1 대 1 드리블

라) 드리블시 방향전환

프론트 턴 드리블은 수비자와의 거리가 있을 때 안전하게 진행방향을 바꾸기 위해 사용하 는 드리블이며 백 턴 드리블은 수비자가 밀착되어 전면에서 방향전환을 하기 어려운 경우 사용한다.

다. 슈팅

지금까지 연습해온 드리블과 패스 앤 캐치 훈련들은 최종 목표인 슛을 위한 준비 단계였다. 농구는 득점을 통해 승부를 결정하는 스포츠이므로 슛을 얼마나 잘 하는지가 중요하다. 훌륭한 전략을 통한 드리블과 패스가 아무리 뛰어나도 슛이 성공되지 않으면 의미가 없다. 슈팅 또한 다른 기술들과 마찬가지로 꾸준한 훈련이 요구된다. 꾸준한 훈련을 통한 안정적인 슈팅의 자세는 슛의 성공률을 증가시켜 준다. 자세가 준비가 되었을 때 심리적 자신감을 갖고 빠른 판단력과 결단력으로 슈팅을 완성시켜야 한다.

1) 슈팅의 종류와 연습법

가) 투핸드 세트 슛(two hand set shoot)

자유투를 던질 때 가장 많이 사용되는 투 핸드 세트 슛은 멈춰진 상태에서 슛을 하여 정확도가 높은 장점이 있다. 이 기술은 유소년 또는 여자 선수들 사이에서 주로 사용되는 기술이다. 공을 양손으로 잡은 뒤 가슴 앞에 위치한 후 무릎과 양 팔을 목표한 방향으로 함께 펴주면서 슛을 한다.

〈그림 2-24〉 투핸드 세트 슛

나) 원핸드 세트 슛(one hand set shoot)

양 손에 볼을 가볍게 쥐고 어깨넓이 정도로 양 발을 벌린 상태에서 오른손잡이의 경우 오른손으로 슛 자세를 취하며 오른발을 약간 앞으로 내민다. 이때 무릎을 굽혔다 펴며 하체의 힘을 충분히 이용한다. 첫 단계에서 이마 위로 볼을 가져가는데 볼을 머리 뒤로 넘기지 않도록 주의해야 한다. 오른손잡이의 경우 오른손으로 볼 가운데를 잡고, 왼손은 볼 옆 부분을 잡아준다. 이후 무릎을 펴면서 손목 스냅을 이용하여 슛을 하고 이후에는 힘을 빼고 팔로우스로우(follow throw)한다.

〈그림 2-25〉 원핸드 세트 슛

다) 점프 슛(jump shoot)

〈그림 2-26〉 점프 슛

점프슛은 원핸드 세트 슛보다 하체의 힘을 더 많이 사용하는 특징을 갖는다. 점프슛의 첫 자세는 무릎을 최대한 굽혔다 펴는 것이다. 이후 수직 점프시 볼을 이마 위로 올리며 슛자세를 취한다. 점프의 최고점에서 팔꿈치를 펴고 원핸드 세트 슛과 마찬가지로 손목 스냅을 이용하여 슛을 던진다.

라) 레이업 슛(lay up shoot)

레이업 슛은 농구 경기 중 가장 많이 사용되는 슛으로, 주로 컷 인 플레이나 속공플레이를 펼칠 때 쓰인다. 드리블 속도를 살리며 골밑으로 나아간 후에 한 발로 점프를 한다. 이후 최고점에서 점프한 발의 반대편 손으로 볼을 바스켓에 살짝 올려놓는 기분으로 슛을 한다. 오른 손잡이의 경우 오른손으로 슛하고 왼 발로 점프를 하는 것이 일반적이다. 슛의 성공률을 높이기 위해서 백보드를 맞춘다는 느낌으로 슛을 하는 것도 좋은 방법이다.

〈그림 2-27〉 레이업 슛

마) 훅 슛(hook shoot)

〈그림 2-28〉 훅 슛

훅 슛은 공격자 자신보다 키가 큰 상대에게 수비를 당하고 있을 때 블록슛을 회피하기 위해 사용하는 동작이다. 공격자는 훅 슛 자세를 취하기 전에 정면에서 수비하고 있는 상대에 대해 자신의 몸을 측면으로 돌린 후, 한 손으로는 커버를 하고 다른 한 손으로 볼을 머리 위로 올린 상태에서 높은 포물선을 그리며 슛을 던진다. 훅 슛은 컨트롤하기 어렵다는 단점이 있다.

바) 뱅크 슛(bank shoot)

뱅크 슛은 링을 직접 향해 던지는 일반적인 궤적과는 달리 백보드를 한 번 맞추는 것을 목표로 하는 슛으로 주로 링 가까이에서 슛의 성공률을 높이기 위하여 사용한다. 뱅크 슛의 궤적은 비교적 높은 포물선의 형태를 그리므로 블록슛을 피할 수 있다는 장점이 있다. 슛을 던진 후 볼이 백보드에 맞고 링 안으로 들어가도록 컨트롤해야 한다. 주의할 점은 슛을 던지는 위치와 볼의 회전량에 따라 볼이 백보드에 맞고 반사되는 각이 달라지는데 이를 잘 계산해야 슛의 성공률을 높일 수 있다.

사) 한손으로 슛하기

손목스냅의 동작과 슛 자세에서 오른팔(오른손잡이의 경우)의 동작을 익히는데 필요한 연습동작이다. 정확한 컨트롤과 타이밍이 무엇보다 중요하다.

〈그림 2-29〉 한손으로 슛하기

아) 앉아서 슛하기

손목스냅을 강화시키기 위한 연습동작이다. 하체의 근육을 사용하지 않고 상체의 근육만으로 동작이 이루어지기에 손목스냅 스냅을 강화시키는데 필수적인 동작이다.

〈그림 2-30〉 앉아서 슛하기

라. 리바운드

슛이 골인되지 못하고 튕겨진 공을 공중에서 확보하는 기술을 리바운드라고 한다. 공격 중에 리바운드를 받을 경우 다시 한 번 공격기회를 잡아낼 수 있으며, 수비 중에 리바운드를 받을 경우 속공으로 전세를 역전시길 수 있다.

공격 중에 리바운드 되어 공격팀에게 다시 공격권이 주어지는 경우를 공격 리바운드 라고 하며, 이를 확보하기 위해서는 슛을 한 뒤 방심하지 않고 곧바로 공을 주시하며 움직여야 한다. 던져진 슛이 골인이 되는지 빠르게 판단하고 예측할 수 있어야만 공격 리바운드를 보다 쉽게 얻을 수 있다.

공격 중에 던져진 슛이 리바운드 되어 공이 수비팀에게 주어지는 경우를 수비 리바운드라고 한다. 수비자들은 링 주변에서 공격자들을 견제하며 슛이 던져질 때 공의 이동하는 위치를 잘 예측하고 공이 튕겨져 올만한 위치를 잘 선점하는 것이 중요하다. 수비자들에게 얻어진 수비 리바운드는 빠르게 속공으로 연결하여 상대팀의 빈틈을 노려야 한다. 그러기 위해 수비 중에도 항상 같은 팀 선수들의 위치를 확인해야 한다.

리바운드 된 공을 잡는 방법은 양손을 이용하는 방법과, 한 손을 사용하여 잡는 방법이 있다. 공격자는 공격 리바운드를 만들기 위해서, 수비자는 수비 리바운드를 만들기 위해서 리바운드 쟁탈전이 치열하게 일어나기 때문에 다양한 상황에 맞춰서 반응할 수 있도록 꾸준한 훈련이 필요하다.

가) 볼을 가지고 점프하여 백보드에 닿기

백보드 바로 아래에서 양 발을 어깨 넓이로 벌리고, 양손에 공을 잡고 점프를 하며 공을 머리 위로 뻗어 백보드에 터치하고 내려와 착지하는 훈련이다. 점프부터 착지까지 몸의 중심을 안정적으로 유지해야 하며, 공을 놓치지 않도록 잘 잡고 있어야 한다.

〈그림 2-31〉 볼을 가지고 점프하여 백보드에 닿기

나) 양 손 번갈아가며 리바운드 점프

백보드 앞에 위치하여 공을 한 손으로 들고 머리위로 올린 상태에서 점프와 동시에 공을 백보드로 토스를 하고 착지한 후 리바운드되어 떨어지는 공을 다시 점프하여 반대쪽 손을 사용하여 다시 백보드로 토스를 하는 훈련이다. 공을 토스하는 것과 점프의 리듬을 일정하고 안정적으로 맞춰야 하며, 흔들리지 않도록 중심을 잘 잡아야 한다. 난이도가 높은 훈련으로 초보자들에게는 어려움이 크다.

〈그림 2-32〉 양손 번갈아가며 리바운드 점프

다) 1 대 1 리바운드 연습

단순히 리바운드 되어버린 공을 캐치하기 위한 훈련으로 공격, 수비의 구분 없이 두 선수가 바스켓 앞에서 준비를 하고 뒤에서 지도자는 바스켓을 향해 공을 던진다. 이때 튕겨 리바운드 되어버린 공을 캐치하는 훈련이다.

〈그림 2-33〉 1 대 1 리바운드 연습

CHAPTER 3

농구의 응용법

1. 농구의 공격방법

1) 드리블의 종류

가) 직선방향 드리블

각 포지션(가드, 포워드, 센터)별로 5명씩 3개조로 구분한 후, 엔드라인에서 코치의 지시를 기다린다. 코치가 구령을 내리면 첫 번째 조는 오른손, 왼손, 양손의 순서대로 드리블을 실시하며, 하프라인을 통과하면 다음 조가 같은 순서로 드리블을 실시한다.

나) 스톱 앤 고 드리블(stop & go dribble)

이 훈련은 스톱 훈련과 유사한 훈련이다. 다만 드리블로 이동하는 특징이 있다. 코치의 구령이나 제스처에 의해 드리블에서 점프 스톱, 스트라이드 스톱을 활용하여 다양하게 연습한다.

다) 드리블 싱글피벗(dribble single pivot)

선수들은 각 사이드라인에 위치하여 대기한다. 이후 드리블로 3점 라인까지 도달하여 피벗 턴을 활용해 수비자를 따돌린 후 바스켓으로 돌진하는 기술이다. 실전과 같은 훈련을 위해 피벗을 하는 지점에 수비자 또는 콘 등을 배치하여 훈련의 성과를 높일 수 있다.

라) 드리블 더블피벗(dribble double pivot)

싱글 피벗 드리블에서 골밑으로 바로 대쉬(dash)하지 않고 자유투 구역을 거친 후에 피벗 턴을 실시하여 대쉬하는 연습이다. 피벗 턴 동작 시 몸의 자세를 낮춰 균형을 유지하도록 한다.

마) 서클 드리블(circle dribble)

코트 중앙의 서클 내에서 두 명의 선수가 드리블과 동시에 등을 맞대고 몸싸움을 벌이며 볼을 뺏는 훈련이다. 주의해야 할 사항은 몸의 접촉은 허용되지만 파울은 허용되지 않는 다는 것이다. 이 때, 선수들은 볼을 상대선수에게 뺏기지 않기 위해 드리블하지 않는 손으로 볼을 커버할 수 있도록 해야 한다.

〈그림 3-1〉 서클 드리블

바) 미러 드리블(mirror dribble)

미러 드리블 훈련은 '미러(mirror)'의 명칭 그대로 마치 훈련자가 거울 속의 자신을 보며 연습하는 듯한 착각을 일으키게 한다. 두 명의 선수는 상대를 주시하며 맞은편에 위치하고, 중앙에는 의자 혹은 콘을 배치한다. 동시에 두 명이 드리블을 시작하여 의자를 마주한 채 좌, 우 드리블을 반대로 실시 한 후 반대 방향으로 빠져나간다.

〈그림 3-2〉 미러 드리블

2) 패스의 종류

가) 인사이드 패스(inside pass)

인사이드 패스는 볼을 가진 선수가 측면의 동료 선수에게 패스한 후 곧바로 바스켓을 향해 컷을 하며 패스해주는 연습이다. 뛰어 들어가는 공격자의 안쪽으로 찔러주어야 효과적인 컷이 이루어진다. 동료의 속도를 고려하여 패스를 넣어주는 것이 중요하다.

나) 아웃사이드 패스(outside pass)

볼을 가진 중앙의 공격자가 측면의 동료 선수에게 패스를 건넨 후 동료쪽을 향해 돌 때, 두 명이 겹쳐지는 순간 살짝 패스를 내주는 동작이다. 이후 연계 동작으로는 볼을 가진 사람은 드리블을 이용해 골밑으로 대쉬하고, 다른 한 명은 중앙으로 이동하는 것이 일반적이다.

3) 스크린 방법

가) 스크린 어웨이(screen away)

패스를 한 후 반대방향에 있는 우리 편에게 찬스를 만들어주는 스크린플레이다.

나) 다운 스크린(down screen)

전방에 있는 공격자가 골밑에 있는 동료를 향해 스크린을 걸어주기 위해 들어가고, 이를 활용해 재빠르게 컷을 한다.

다) 백 스크린(back screen)

수비수의 뒤쪽에서 이루어지는 스크린으로 골밑에서 완전한 찬스를 만들 수 있다.

라) 픽 앤 롤(pick & roll)

주로 가드와 센터 간에 유기적으로 이루어지는 플레이로서 가드가 볼을 가지고 있을 때 센터가 3점 라인 근처까지 올라와 스크린해주고, 가드는 직접 공격하거나 스크린 후 골밑으로 대시하는 센터에게 패스할 수 있다.

2. 농구의 수비방법

1) 수비 기초 기술

가) 슬라이드 스텝(slide step)

풋워크의 기본 동작이다. 수비자는 공격자의 이동방향에 따라 좌, 우 측면으로 빠르게 미끄러지듯 나아간다. 이 때 손동작을 같이 연습하는 것이 효과적이다.

〈그림 3-3〉 슬라이드 스텝

나) 크로스 스텝(cross step)

공격자의 빠른 움직임을 따라가기 위해 사용하는 움직임이다. 크로스스텝을 이용하여 보다 신속한 움직임을 이끌어 낼 수 있다. 이 스텝에서는 발을 서로 교차하여 민첩하게 움직이는 것이 포인트이다.

〈그림 3-4〉 크로스 스텝

2) 리바운드 기술과 방법

가) 피벗에 의한 박스 아웃

이 훈련은 공격자와 수비자가 동시에 하는 훈련이다. 두 선수는 바스켓으로부터 약 4~5m 되는 지점에 위치한다. 코치가 슛을 던지고 튕겨져 나온 공을 수비자가 리버스 피벗을 통해 박스아웃하여 리바운드를 잡아낸다. 공격자는 박스아웃 후에 수비자와 적절한 강도로 몸싸움을 펼쳐주고 수비자는 공격자에 의해 밀려나지 않도록 연습한다.

〈그림 3-5〉 피벗에 의한 박스 아웃

나) 스텝 스루(step through)에 의한 박스 아웃

수비자가 공격자를 지속적으로 관찰하면서 움직임을 주시하는 것이 이 훈련의 핵심사항이다. 코치가 슛을 하면 수비자는 프론트 피벗을 통해 공격자를 놓치지 않아야 한다. 리바운드를 하는 동안에도 공격자의 위치를 파악하고 있어야하며 만일 공격자가 빠져나가려고 하면 앞서 연습한 스텝 스루로 지속적인 수비를 실시해야 한다.

〈그림 3-6〉 스텝 스루에 의한 박스 아웃

3. 농구의 전술

가. 공격 전술

1) 공격과 전술

공격 전술의 가장 중요한 목적은 패턴 플레이를 계속적으로 반복하여 보다 성공률이 높은 슛기회를 얻는 것이며, 공격 리바운드를 얻을 가능성을 높여 공격 기회를 지속적으로 유지하고, 공격권이 바뀔 시 수비 진형으로 빠르게 전환할 수 있도록 하는 것이 다.

가) 공격의 유형

(1) 자유형과 통제형

자유형의 공격 형태는 상대의 기량과 수비의 전개에 따라 스스로 공격 패턴을 만들어 자유롭게 플레이하는 것이다. 자유형은 문자 그대로 플레이의 선택에 관한 권한이 선수들에게 비교적 많이 부여되어져 있음을 의미한다. 그러나 개별 선수들을 전혀 통제하지 않는 것은 아니며, 선수 간의 자율적인 협력과 이타적인 플레이가 매우 강조되는 공격 형태이다

통제형 공격 형태는 보다 완벽한 찬스를 추구하여 수비의 방해가 최소화된 상태

에서 공격을 시도하는 것이다. 전통적으로 세트 오펜스가 통제형 공격 유형에 포함된다. 선수들은 사전에 계획한 움직임을 숙지하여 활용하고, 이에 따라 각 선수들에게 부여되는 선택의 자유는 제한되어 진다.

(2) 지공과 속공

지공은 각 선수들이 볼을 소유하는 시간을 길게 갖고 가면서, 성공률이 높은 슛 기회를 추구하는 경기 방식이다. 일반적으로 전력이 우위인 강팀과 경기를 할 때, 지공 위주의 경기 운영을 펼치는 경향이 있다.

지공 위주로 경기를 풀어가는 팀은 속공을 노리기 보다는 상대 팀의 공격 기회를 차단하여 팀의 세트 오펜스 공격 전술을 최대한 활용하게 되지만, 수비 리바운드를 잡거나 가로채기에 성공했을 경우에는 변칙적으로 속공을 시도하여 공격 성공률을 높일 필요가 있다.

나) 개인기량과 특성의 활용

공격 상황에서 지도자는 팀의 선수들이 어떤 능력을 보유하고 있으며, 그 능력을 어떻게 활용해야 할지 숙고해야 한다. 지도자는 상대팀 선수들과 우리팀 선수들과의 비교를 통하여 적절한 활용 방안을 찾아낼 수 있으며, 이러한 분석에 기초해서 팀의 전반적인 플레이 스타일과 세부적인 전술을 새롭게 만들어 낼 수 있다.

예를 들어 타팀과 비교하여 상대적으로 키가 큰 선수들을 많이 보유하고 있다면, 주로 골대 근처에 공을 투입하기 위해 세트 플레이를 선호할 것이며, 반대로 선수들의 떨어지는 이동 속도를 고려하여 속공에 대한 시도는 줄이게 된다. 한편 볼 핸들링 능력이 뛰어난 선수를 보유하고 있으며, 수비 리바운드에서 우위를 점할 가능성이 높다면 장신 선수들로 구성된 팀이라고 하더라도 속공을 강조할 수 있다. 반대로 신장이 작고 스피드가 빠른 선수들로 구성 된 팀이라면, 부족한 리바운드 능력은 그 팀의 약점으로 두드러지게 된다. 이러한 경우에는 경기 운영의 핵심을 결정적 찬스를 만들어 낼 수 있는 다양한 패턴을 갖추는 것에 맞추어야 한다. 이에 따라 최대한 성공률이 높은 슛 기회를 얻을 수 있다.

한편 외곽슛에 특출한 강점을 가진 선수가 있다면 그 선수가 리바운드의 지원을 충분히 받으면서 안정된 슛 기회를 계속 얻을 수 있도록 세부 전술을 설계해야 하며, 드라이브 인에 강점을 가진 선수 가 있다면 그에 맞게 적절한 기회와 공간을 마련해 줄 수 있도록 유기적인 플레이가 이루어져야 한다.

경기의 운영과 관련하여 또 한 가지 중요한 요소는 공격의 횟수이다. 농구 경기는 제한된 경기 시간 동안 두 팀이 번갈아 공격을 시도하게 되며, 공격 템포를 빠르게 가져가는 경우 느린 공격을 시도하는 경우와 비교하여 보다 많은 공격 횟수를 가질 수 있다. 그러나 분명한 것은 모든 공격이 성공으로 이어질 수는 없다는 사실이며, 이에 따라 리바운드의 성공 여부가 승패를 결정짓는 주요 열쇠가 된다. 만약 상대팀에 비해 스피드와 신장, 그 밖에 모든 세부 항목에서 열세를 보인다고 할 경우, 단 하나의 승리 가능성은 최대한 볼 컨트롤 시간을 증가시켜 상대팀의 공격 횟수를 감소시키는 것뿐이다. 공격 제한 시간을 최대한으로 활용하며 짜임새 있는 공격을 시도할 수 있다면, 득점의 확률을 높일 수 있으며 이와 동시에 상대팀의 득점 기회를 원천적으로 차단할 수 있기 때문이다.

다) 팀플레이

팀플레이는 명백하게 공격 전술의 가장 핵심적인 부분이자 꽃이라 할 수 있다. 공격의 성공률을 높이기 위한 여러 요소들 중 팀플레이의 정도는 가장 결정적인 위상을 차지한다. 만일 상황에 관계없이 패스를 받으면 바로 슛으로 연결시켜버리는 무모하고 이기적인 선수가 있다면, 나머지 네 명의 선수는 경기에 대한 의욕을 잃게 될 것이다. 이러한 경우 그 한 명의 선수는 팀을 홀로 무너뜨리게 되는 취약 요소가 된다. 좋은 팀은 평균 득점이 높은 선수를 많이 보유하고 있어야 한다. 팀의 득점이 어느 한 선수에게만 편중되어서는 안 된다는 것이다. 기본적으로 공격 전술은 개개인의 선수에게 골고루 슛 기회를 열어 주기 위한 것이다. 따라서 공격의 기회는 모든 선수에게 가급적 공평하게 주어져야 하며, 각 선수는 자신의 역할을 다해 해당 슛터를 도와주어야 한다. 그러나 실제 경기에서 모든 선수 가 공평한 공격 기회를 갖게 되는 것은 사실상 불가능하고, 개인의 능력에 맞게 주어진 역할에 따라 임무를 수행하게 된다. 이때 선수들은 지나치게 이기적이지 않아야 하며, 어떠한 경우에서든지 팀의 승리를 가장 우선으로 여기고, 팀을 위해 자신의 화려한 플레이를 포기할 수 있어야 한다. 즉, 팀의 전술에 따라 수비에 중점을 두어야 하는 선 수는 다른 선수를 위해 슛 기회를 양보하고, 자신의 임무를 다함으로써 팀의 승리에 보탬이 될 수 있어야 한다는 것이다. 지도자는 이러한 부분을 선수들에게 분명하게 인식시키고 자신의 플레이 위에 팀이 있음을 지도해야 한다.

나. 수비방법과 연습법

1) 기본 원리

농구 경기의 모든 상황은 공의 소유권을 가지고 있는 경우와 공의 소유권을 가지고 있지 않은 경우로 구분하여 정리할 수 있다. 공을 소유하고 있는 경우는 곧 공격 상황이고, 반대로 상대방이 공을 소유하고 있는 경우는 수비 상황이다. 이러한 상황의 전환은 순간적으로 매우 빠르게 이루어진다. 한편 공격을 100% 성공시킨다고 하더라도 상대방의 공격을 효과적으로 막아내지 못한다면 결코 경기에서 승리할 수 없다는 것이 주지의 사실이다. 농구 경기는 공격과 수비의 상황이 하나의 흐름으로 긴밀하게 연결되어 있으며, 모든 전술은 이러한 흐름 안에서 짜임새 있는 조화를 이룰 수 있도록 구성되어야 한다.

가) 수비의 목적

모든 농구 경기에서 수비 전술의 최종적인 목표는 상대팀의 득점 성공률을 최대한 낮추는 것에 있다. 이러한 목표를 달성하기 위한 방법 중 가장 간단한 것은, 상대방으로 하여금 성공률이 낮은 슛을 하게끔 원천적으로 유도하는 것이다. 그러나 무엇보다 중요한 것은 경기의 진행을 팀이 원하는 방식으로 차분하게 이끌어 가는 것이라고 할 수 있다.

기본적으로 수비 전술은 상대의 공격에 어떻게 반응할 것인가를 기초로 구성된다. 이러한 접근법은 각 상황에 맞게 최선의 수비 방법을 적용할 수 있다는 장점을 가지고 있지만, 이와 동시에 경기의 주도권을 상대에게 내주어야 한다는 치명적인 단점을 가지고 있다. 만일 상대방이 공격을 시작하기 이전에 적극적인 수비를 펼쳐 압박할 수 있다면, 상대방은 우리의 압박에 대응하느라 그들이 처음에 의도했던 플레이를 진행하기 어렵게 될 것이다.

수비 전술의 또 다른 중요한 목적은 상대방이 적응하기 어렵도록 만드는 것이다. 만약 경기가 진행되는 동안 동일한 유형의 전술만을 구사한다면, 상대방은 아주 쉽게 해결 대응 방안을 찾게 될 것이고 경기의 흐름 또한 자연스럽게 가져가게 될 것이다. 따라서 상황에 맞게 수시로 전환할 수 있는 몇 가지 유연한 수비 시스템을 구사할 수 있어야 한다. 예를 들어 2-3 지역 방어를 사용하는 도중에 상대방에게 3점 슛을 지속적으로 허용한 경우 수비의 형태를 대인 방어, 혹은 3-2와 같은 다른 형태의 지역 방어로 전환하는 등의 변화를 뜻한다. 따라서 지도자는 경기의 흐름을 가져오기 위한 방법으로 수비 전술의 변화를 다각적으로 활용하여야 하며, 지속적인 압박 상황의 유도 등을 통해 상대방의 변화를 강제하여야 한다.

나) 수비의 유형

(1) 대인 방어와 지역 방어

대인 방어는 수비수가 각자 자신이 맡은 선수를 일대일로 책임지고 방어하는 수비 형태를 말한다. 대인 방어는 선수들 간에 책임 분담을 명확히 할 수 있는 장점이 있으며, 개별적인 신체조건과 능력에 맞추어 상대 선수를 효과적으로 방어할 수 있다. 반면에 지역방어는 수비 영역을 몇 개의 구역으로 나누어 수비 선수가 각자 자신의 정해진 지역을 담당하여 방어하는 형태를 말한다. 지역 방어는 선수들이 고정된 배열을 유지한 상태로 플레이하게 되므로 상대의 세트 오펜스를 방어하는데 보다 유리할 수 있으며, 수비 리바운드에서 확실한 강점을 가질 수 있다. 또한 수비에서 속공으로 전환이 빠르다는 장점을 가지고 있다. 또한 이를 대인수비와 결합하여 박스 앤 원, 다이아몬드 앤 원, 트라이앵글 투, 매치업 존 디펜스 등의 확장적 응용이 가능하다.

(2) 강압수비

강압수비는 수비자가 상대로부터 볼 소유권을 빼앗기 위하여 적극적으로 접근하여 방어하는 수비 방법이다. 강압 수비는 상대방을 미리 계획한 함정으로 유도하여 볼을 직접적으로 빼앗기도 하고, 적극적인 수비를 통해 강렬한 심리적 압박감을 주어 실책을 유발하는 등 간접적으로 볼 소유권을 빼앗을 수 있는 장점이 있다. 수비 형태에 따라 대인강압수비와 지 역강압수비로 구분할 수 있으며, 또한 수비하는 구역에 따라 올 코트 강압수비, 하프코트 강압수비 등으로 구분할 수 있다.

다) 선수들의 특성과 수비의 조직

수비의 형태를 결정함에 있어 선수들의 특성은 가장 우선적으로 중요하게 고려되어야 할 사항이다. 신장이 작지만 빠른 스피드를 보유한 선수가 많은 팀은 넓은 범위의 강압수비를 통해 상대의 공격 기회를 효과적으로 줄일 수 있다. 공격기회의 감소는 신장의 열세로 인한 리바운드의 격차를 최소화할 수 있는 여건이 된다. 만약 스피드가 느린 장신 선수로 구성된 팀인 경우에는, 지역 방어를 사용하는 것이 확실히 유리할 수 있다. 이 경우에는 상대방으로 하여금 성공 확률이 낮은 슛을 계속 시도하게끔 함으로써 리바운드를 다투는 상황을 증가시킬 수 있고, 장신 선수들은 그러한 상황에서 보다 많은 리바운드를 얻어낼 수 있을 것이기 때문이다.

개인의 장점을 최대한 활용하려고 하는 공격 전술과는 반대로 수비 전술은 개인의 특성보다는 팀 전체의 조화를 우선적으로 고려해야 한다. 공격 전술이 계속해서 발전해옴에 따라 확률 높은 슛을 시도하기 위한 공격자들의 움직임은 보다 정교해졌고, 이를 효과적으로 방어하기 위해서는 팀 전체가 공격자에 대항하는 팀 디펜스가 이루어져야 하기 때문이다. 따라서 지도자는 팀을 구성하고 있는 선수들이 가진 능력을 종합적으로 면밀히 검토하여 그들이 어떤 조합을 이루어 수비할 때 최대의 효과를 가져 올 수 있을 지 미리 훈련해보고 결정해야 한다.

라) 팀 디펜스

팀 디펜스란 팀의 모든 선수들이 서로 협력하여 유기적으로 상대 팀의 공격을 방어하는 것을 의미한다. 현대 농구에서는 공격 전술이 계속적으로 다양화되고 있으며 선수들의 기량이 향상됨에 따라 1명의 공격자를 1명의 수비자가 방어하는 전통적인 대인 방어는 그 충분한 효용성을 잃게 되었다. 다시 말해 조직적으로 움직여 확률 높은 공격을 시도하는 상대를 방어하기 위해 수비 선수들 역시 이에 맞춰 조직적으로 움직여야 한다는 것이다. 농구에서는 볼을 가지고 있는 한 사람의 주도적인 공격으로 득점이 이루어지게 되므로, 공의 위치에 따라 수비의 우선순위가 변하게 된다. 실점 위험이 낮은 지역에 위치하는 공격자를 방어할 때와 골대 근처에서 플레이하고 있는 공격자를 방어할 때 각기 다른 전략을 택해야 한다는 것이다.

일반적으로 효과적인 팀 디펜스를 위해서 우선적으로 방어해야 하는 지역 · 선수 · 플레이 를 구별하고 그에 따라 수비 조직을 움직일 수 있어야 한다. 수비의 우선순위를 고려할 때 가장 많이 사용되는 기준으로 골대로부터의 거리가 있는데, 골대 아래의 페인트 존과 이에 근접한 지역은 보다 득점 확률이 높은 슛을 구사하기 용이하므로 가장 적극적인 수비가 필요한 지역이다. 이 지역에 들어온 선수는 밀착 수비를 통해 움직임을 최대한 제한해야 하며, 볼이 투입된 경우 적극적으로 슛 플레이를 방해하고, 슛을 이미 시도한 경우 박스아웃을 철저하게 시도해야 한다. 다음으로 중요하게 방어해야 하는 지역은 3점 라인을 포함한 외곽지역이다. 이 지역에서 볼을 소유하고 있는 선수가 있으면 밀착방어를 시도하여 슛을 할 기회를 차단해야 하며, 스크린 등을 통한 변칙적인 공격을 시도할 경우 스위치 등의 방법을 통해 공격자와의 거리를 계속 유지해야 한다. 효과적인 팀 디펜스의 운영을 위해서는 각 선수들이 위에서 설명한 수비행동의 우선순위에 대하여 사전에 제대로 파악하고 있어야 하며, 그에 맞게 적절한 수비를 행해야 한다. 특히, 우선순위가 낮은 지역 혹은 선수를 방어하고 있는 경우에 수비수는 다른 지역 혹은 선수의 움직임을 끊임없이 파악해야 하며, 위험 지역에서 발생하는 상황에 맞추어 도움수비를 실행에 옮길 수 있어야 한다. 이러한 팀 디펜스를 통해 수비팀은 공격팀에 대해 국지적으로 수적 우위를 점할 수 있으며, 위험지역에서 상대방의 공격 행동을 사전에 효과적으로 저지할 수 있게 된다.

다. 효과적인 농구지도

농구 지도를 성공적으로 수행하기 위해서는 많은 변인들이 있다. 이 중 농구 지도자에게 있어 가장 중요한 덕목은 팀에 적절한 훈련 프로그램을 효율적으로 기획하는 것이다. 목표를 달성하기 위해 가장 중요한 성공 요인은 얼마나 효과적으로 훈련을 하는가에 있다. 선수들도 훈련의 목표를 정확히 인식하면 개인 기술 훈련이나 팀 전술훈련을 할 때 팀의 공격 및 수비 움직임이 조화롭게 된다.

기술훈련 지도안은 훈련에 필요한 내용을 점검할 수 있는 항목으로 맨투맨, 지역방어 및 공수전환에 필요한 전술훈련을 계획해야 한다. 무엇보다 팀 선수의 능력과 환경에 맞게 맞춤형 훈련계획을 세우기 위해서 다음 사항을 고려해야 한다.

- 훈련을 위한 시설과 연습 시간을 파악하였는가?
- 언제 무슨 훈련을 할 수 있는가?
- 훈련에 참가하는 선수가 몇 명인가?
- 전국대회 시합 전에 몇 번의 연습경기와 팀 훈련을 할 것인가?
- 시합을 준비하는 단계에서 어떤 전술훈련을 할 것인가?

훈련계획에서 무엇보다 가장 중요한 것은 기초적인 웨이트트레이닝과 기술 훈련이 반드시 포함되어야 하며 동시에 농구 기본기를 등한시하지 아니하고 개인의 기량을 향상시키며 팀의 장점을 개발해야 한다. 위의 목표는 상당히 광범위한 개념이지만 성공적인 훈련계획을 위해서는 필수적인 요소이며, 매일 훈련을 할 때 개별 훈련목표를 설정하면 경기에 대비하는 명확한 실전효과를 보게 된다. 시합에 대비한 준비기에서 공격훈련, 수비훈련, 공격상황, 특수상황과 같은 4가지 영역에 대한 훈련계획을 세우면 전국대회 시합에서 지도자가 원하는 경기를 수행할 수 있을 것이다.

부록 1

농구의 기본용어

농구의 기본용어

- 디펜스– 방어, 수비 하는것
- 드리블– 볼을 바닥에 튀기면서 움직이는것
- 레이업 슛– 달리면서 하는 슛
- 리바운드 – 골인되지 않고 튀어나온 볼을 잡아낸는 것
- 맨투맨 디펜스 – 5명의 디펜스가 각각 1대 1로 상대를 막는것 .대인방어.
- 바이얼레이션– 퍼스널 파울, 테크니컬 파을 이외의 반칙. 워킹, 더블 드리블, 사이드 라인 등등.
- 스크린 아웃 – 리바운드하기 위해서 자리를 잡는 것
- 블로킹 – 상대의 슛을 막아내는 것
- 워킹 바이얼레이션 – 볼을 가지고 3 보 이상 스텝을 밟는 것. 또는 피벗 푸트가 바닥과 떨어지는 것
- 차징 – 퍼스널 파울의 하나. 무리하게 나아가 상대와 부딪히는 것
- 체인지 오브 페이스 – 페이스를 바꾸는 것.
- 페인트 – 상대를 속이는 것
- 프리드로우 – 프리드로우 라인 뒤에서 누구의 방해도 받지 않고 던지는 슛
- 헬프 – 디펜스 측이 서로 도와 오펜스의 움직임을 저지하는 것
- 런앤건 – 빠르게 공격 하는 것. 재빨리 공을 갖고 들어가 시간을 주지않고 슛을 던지는 플레이
- 골 텐딩 – 슛이 정점에 이른 다음 떨어지는 공을 링위에서 쳐낼때 골로 인정되는 규칙. “바스켓 인터페어” 라고도 함
- 노룩패스 – 상대 수비를 속이기 위해 다른 방향을 응시하고 패스하는 고난도의 플레이를 말함.
- 더블팀 – 2명이 볼을 가진 한 선수를 집중수비 하는것. 3명일때는 트리플 팀
- 더블클러치 – 2중 점프슛. 공중에서 두 번 슛 동작을 취하는 것
- 롤 오프 – 스크린 플레이에서 스크리너가 백턴을 해 자신의 수비를 제어하면서 골방향으로 달리는 플레이
- 루즈볼 – 어느 편 선수도 볼을 갖고 있지 않은 상태의 볼
- 매치업 – 맨투맨 디펜스에서 상대팀 선수와 1 : 1로 맞붙는 상대
- 박스원 – 상대의 슈터나 특정 선수 1명을 집중마크하고 나머지는 지역방어형

태를 취하는 수비

- 박스아웃 – 리바운드를 먼저 잡기위해 페인트존 밖으로 상대선수를 최대한 밀어내는 행위.
- 백업 – 주전선수가 벤치에서 쉬고 있는 동안 코트에 나와 짧은 시간동안 그 역할을 수행하는 후보선수.
- 뱅크슛 – 백보드에 볼을 한 번 맞춰서 링에 넣는 슛
- 버저비터 – 쿼터마다 혹은 게임종료 부저소리와 동시에 성공시키는 슛
- 볼핸드링 – 볼컨트롤 능력과 거의 같은 뜻
- 세이프티맨– 리바운드에 뛰어들지 않고 속공을 방지하기 위해 미리 백코트로 돌아오는 선수
- 스위치 – 스크린 플레이때 수비가 마크맨을 바꾸는 것
- 스크린 플레이 – 자기편의 선수가 공격을 원활이 할 수 있도록 공간을 만들어 주는 플레이 예를 들어 공격시 슛터가 슛을 할 때 다 른 선수는 수비자가 그 슛터를 수비하지 못하도록 몸으로 수비수를 막아준다.
- 아웃 오브 바운드 – 사이드와 엔드라인 밖에서 공을 던져 넣는것을 말함.
- 아이솔레이션 – 1on 1에 뛰어난 선수가 충분한 공간을 확보할수 있도록 남은 선수들이 위크사이드(볼이 없는 지역)에 뭉치는것.
- 에어볼 – 링에도 정확히 맞지 않은 불완전한 슛
- 엘리웁 – 두 선수가 고공 패스를 연결시켜 공중에서 덩크나 레이업을 성공시키는 고난도의 플레이
- 올코트프레스 – 전면강압수비로 상대팀의 프론트코트에서부터 밀착수비하는 형테.
- 올라운드플레이어 – 2개이상의 포지션을 수행해 내는 선수
- 크로스오버 – 볼을 다리사이로 교차시키면서 드리블 하는 것
- 턴오버 – 공격수의 실책을 총칭하는 용어.상대수비수에게 스틸을 당했거나 패스미스로 공격권을 빼앗겼을 때 턴 오버를 범했다고 말함.
- 테크니컬파울 – 비신사적인 행위(과격한 행동, 심판 판정 불복등)를 했을 때 주어지는 벌칙으로 상대팀에 자유투 1개가 주어짐.
- 트리플더블 – 한경기에서 득점,리바운드,어시스트,스틸,블록슛 중 3개부문에서 2자리수 이상의 숫자를 기록하는 것을 말함. 2개부문에서 2자리수 이상의 성적을 기록하면 더블–더블이라고 하며, 4개부문에서 2자리수 이상의 성적을 기록하면 쿼드러플 더블이라고 함.
- 팁 인 – 오펜스 리바운드에서 손끝으로 살짝 밀어넣는 슛

- 페이드어웨이 – 상대의 블로킹을 피해 몸을 뒤로 젖히면서 패스나 슛을 하는 플레이
- 페인트존 – 골밑 근처에 색을 칠해 놓은 장방형의 지역
- 피벗 – 한발을 축으로 다른 발을 바꿔 몸의 방향을 바꾸는 것
- 픽앤롤 – 스크린 플레이후 스크린을 건 선수가 골 방향으로 움직일때 볼을 패스하는 플레이
- 훅슛 – 몸은 움직이지 않고, 손목 스냅만을 이용하여 짧은 거리에서 하는 슛

부록 2

농구경기의 규칙

농구경기를 즐기고 가르치기 위해서는 농구경기의 규칙 숙지가 필요하다. 이 장에서는 대한농구협회에서 제공하는 경기규칙을 소개하고자 한다.

제1장 경기

제1조 정의 (Definitions)

1.1. 농구경기 (Basketball game)

농구경기는 각기 5 명씩으로 구성된 두 팀이 플레이를 하는 것이다 . 각 팀의 목적은 볼을 상대 팀의 바스켓에 득점하거나, 또는 상대 팀이 득점 하려는 것을 못하게 하는데 있다. 농구경기는 심판과 테이블 오피셜, 그리고 커미셔너(배석 했다면)에 의해 진 행된다.

1.2. 상대팀, 자기 팀 바스켓 (Basket : opponents'/own)

한 팀이 공격하는 바스켓을 상대 팀의 바스켓이라 하고, 방어하는 바스켓을 자기 팀의 바스켓이라 한다.

1.3. 경기의 승자 (Winner of a game)

경기는 경기시간이 끝났을 때 득점을 많이 한 팀이 승자가 된다.

제2장 코트와 시설 및 장비 (COURT and EQUIPMENT)

제2조 코트

2.1 경기장 (Playing court)

경기장은 바닥이 단단한 평면으로 직사각형이어야 하며 장애물이 없어야 한다. 규격은 경계선 안으로부터 측정하여 길이 28m, 너비 15m이어야 한다.

2.2 백 코트 (Backcourt)

한 팀의 백 코트란, 자기 팀 바스켓 백보드의 앞면과 그 뒤의 엔드라인, 두개의 사이드라인의 안쪽과 센터라인의 안쪽까지를 말한다.

2.3 프런트 코트 (Frontcourt)

한 팀의 프런트 코트란, 상대 팀 바스켓 백보드의 앞면과 그 뒤의 엔드라인, 두 개의 사이드라인의 안쪽과 상대팀 바스켓에 가까운 센터라인의 안쪽까지를 말한다.

2.4 선 (Lines)

코트의 모든 선들은 흰색으로 너비 5cm로 선명하게 보이도록 그려야 한다.

2.4.1 경계선

코트는 두 개의 엔드 라인 (코트의 짧은 부분) 과 두 개의 사이드라인 (코트의 긴 부분)으로 구분된 지역이며, 이 선들은 코트의 일부분이 아니다 .

코트는 팀 벤치에 앉은 사람들을 포함하여 모든 장애물로부터 적어도 2m이상 떨어져 있어야 한다.

2.4.2 센터 라인, 센터 서클, 프리 드로, 세미 서클

센터 라인은 양 사이드라인의 중간지점에 엔드 라인과 평행이 되도록 양 사이드라인의 밖으로 15cm를 연장하여 그린다. 센터라인은 백코트의 일부이다.

센터 서클은 센터라인의 중간지점을 중심으로 원의 바깥까지를 측정하여 반지름 1.8m의 서클을 코트의 중앙에 그린다. 만일 센터 서클의 내부에 색을 칠한다면 제한구역내부와 같은 색으로 칠해야 한다.

프리 드로 세미 서클(반원)은 프리 드로 라인의 중간지점을 중심으로 원의 바깥까지를 측정하여 반지름이 1.8m의 크기로, 프리 드로 라인 바깥쪽에 그린다.

2.4.3 프리 드로 라인과 제한구역 및 프리 드로 시행시 리바운드 구역

프리 드로 라인은 엔드 라인의 안으로부터 프리 드로 라인의 바깥까지를 측정하여 5.8m의 거리에 3.6m의 길이로 엔드 라인과 평행으로 그린다. 프리드로 라인의 가운데 지점은 두 엔드 라인의 가운데 지점과 가상의 일직선상에 있도록 그려야 한다.

엔드 라인의 가운데 지점에서 좌우로 바깥까지 측정하여 2.45m 되는 지점과 프리 드로 라인의 양끝을 직선으로 연결하여 직사각형의 제한구역을 그린다. 엔드 라인을 제외하고 이 선들은 제한구역의 일부이다. 제한구역의 안은 색으로 칠해야 한다.

프리 드로를 시행하는 동안 선수들이 리바운드를 위해 설 자리를 프리 드로레인의 옆선에 그림 2와 같이 그린다.

2.4.4 3점 슛 지역

상대 팀 바스켓에 가까운 프런트 코트 가운데 다음과 같이 제한된 지역을제외한 코트의 전 지역이 3점 슛 지역이 된다.

제한되거나 포함되는 지역은 다음과 같다. :

– 사이드라인의 안쪽으로부터 바깥쪽까지를 측정하여 0.90m의 지점에 엔드 라인과 직각으로 직선(사이드 라인과 평행으로)을 그린다.

– 상대 팀 바스켓의 가운데 지점과 플로어에 수직으로 연결되는 지점으로부터 바깥까지를 측정하여 지름 6.75m의 반원을 앞서 그린 두 개의 직선과 만나도록 그린다. 반원의 중심점은 엔드 라인의 안쪽 중간지점으로 부터 1.575m 거리여야 한다.

3점 슛 지역의 선은 3점 슛 지역의 일부분이 아니다.

2.4.5 팀 벤치 구역

팀 벤치구역은 그림 1과 같이 코트의 바깥쪽에 두 개의 선으로 표시한다. 코치와 어시스턴트 코치, 교대선수들과 팀 관계자들을 위해 각 팀 벤치에는 적어도 14석의 자리가 확보되어야 한다.

그 밖의 모든 사람들은 팀 벤치로부터 뒤로 적어도 2m이상 떨어져 있어야 한다.

2.4.6 드로 인 라인

기록석 반대편의 사이드라인 밖으로 엔드 라인 안쪽으로부터 바깥쪽까지 측정하여 8.325m의 거리에 길이 0.15m인 두 개의 선을 그려 드로 인 라인을 표시한다.

2.4.7 노차지 세미서클(반원) 구역

코트에 다음과 같이 노차지 반원구역을 그린다.

– 바스켓의 가운데 지점과 수직으로 플로어와 연결되는 지점으로부터 안쪽까지를 측정하여 지름 1.25m의 반원을 그린다. 이 반원의 끝이 되는 지점은 바스켓의 가운데 지점과 수직으로 플로어와 연결되는 지점으로부터 엔드라인과 평행으로 그린 가상의 선이 만나는 지점으로부터 0.375m를 연장하여 그린다. 이 지점은 앤드 라인의 안쪽으로부터 1.2m 떨어진 지점까지다.

즉, 노차지 반원구역은 플로어 상에 백보드의 전면과 같이 평행으로 긋는 가상의 직선과 연결되는 지점까지 그린다.

노차지 반원 구역의 선은 노차지 반원구역의 일부가 아니다.

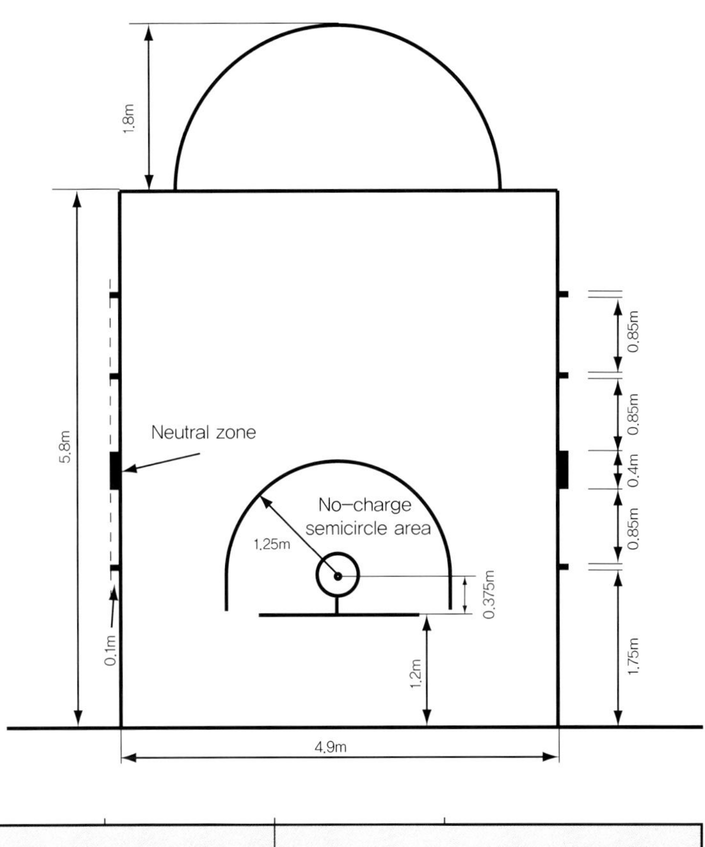
1.8m
5.8m
Neutral zone
No-charge
semicircle area
1.25m
0.1m
0.375m
1.2m
0.85m
0.85m
0.4m
0.85m
1.75m
4.9m

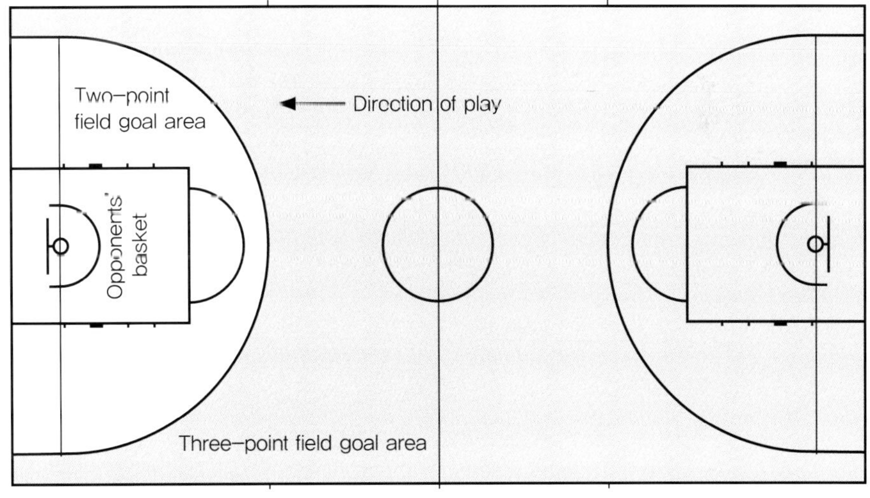
Two-point
field goal area
Direction of play
Opponents' basket
Three-point field goal area

2.5 기록석과 교체할 선수의 대기용 의자의 위치 (Position of the scorer's table and substitution chairs)

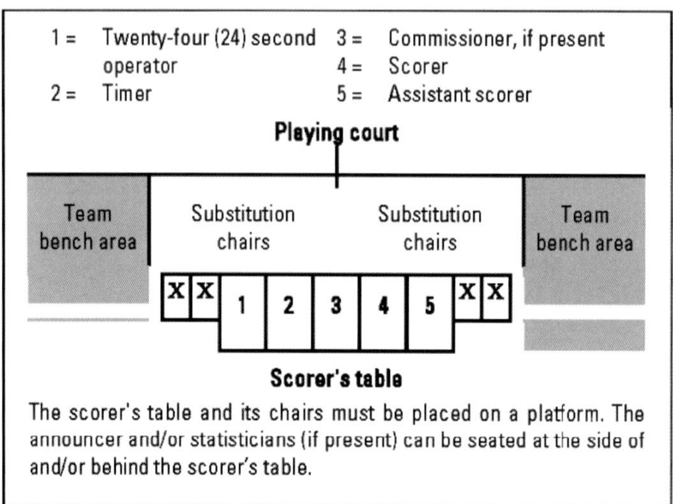

제3조 시설 및 장비 (Equipment)

경기에는 다음의 시설들이 필요하다.

- 다음을 포함하는 백 스톱 기구 (Back stop unit) :
    - 백 보드
    - 링(압력을 완화 할 수 있는)과 네트를 포함하는 바스켓
    - 패딩을 한 백 보드의 받침들
- 농구볼
- 경기시계
- 스코어보드
- 24초시계
- 스톱워치, 혹은 타임아웃 시간(경기시계가 아닌)을 측정할 수 있는 적절한 시계(잘 보이는)
- 두 개의 서로 다른(확연하게 구분되는) 큰 소리의 신호기
- 스코어 시트
- 선수의 파울 표시기

- 팀 파울 표시기
- 볼 소유권의 교체를 표시하는 화살표시기
- 경기장 플로어
- 코트
- 충분한 조명

제3장 팀 (TEAMS)

제4조 팀 (Teams)

4.1 정의 (Definition)

4.1.1. 팀 멤버란, 대회의 주최 기구가 정한 규정에 의하여 한 팀을 위해 경기할 수 있는 자격을 가진 자를 말한다. 경기 주관자가 정하는 연령제한의 규정도 여기에 포함된다.

4.1.2. 한 사람의 팀 멤버란, 경기 개시 전에 스코어 시트에 기재되고 실격되거나 5반칙을 범하지 않는 한 경기할 자격이 있는 자를 말한다.

4.1.3 경기 중, 팀 멤버란 :

- 경기 할 자격을 갖고 코트에서 경기를 하고 있는 선수.
- 코트에서 경기를 하고 있지 않으나, 경기 할 자격이 있는 교대 선수.
- 5반칙을 범하여 코트에서 물러남으로서, 더 이상 경기 할 자격이 없는 선수를 말한다.

4.1.4 경기의 휴식기간 중, 경기할 자격이 있는 모든 팀 멤버들은 선수로 인정된다.

4.2 규칙의 적용 (Rule)

4.2.1 각 팀은 다음과 같이 구성되어야 한다. :

- 주장을 포함하여 경기에 임할 수 있는 최대 12명의 선수.
- 코치, 만일 팀이 필요하다면 어시스턴트 코치 각 1 명.
- 특별한 임무를 지닌 팀 관계자는 최대 5명까지 팀 벤치에 앉을 수 있다.

예를 들면 팀의 매니저, 의사, 마사지사, 통계 요원, 통역 등을 말한다.

4.2.2 각 팀에서 5명씩의 선수가 경기 시간 중 코트에서 경기하여야 하며 또한 교체될 수 있다.

4.2.3 다음과 같은 때 교대선수는 선수가 되고 선수는 교대선수가 된다. :

– 심판이 교대선수에게 코트에 들어오도록 신호를 할 때.

– 타임아웃 또는 휴식기간 중 교대선수가 교체를 기록원에게 요청했을 때.

4.3 유니폼 (Uniforms)

4.3.1 각 팀 선수의 유니폼은 다음과 같아야 한다.

– 앞, 뒤가 같은 단색의 셔츠

모든 선수들은 경기 중 셔츠를 팬츠 속으로 넣어야 한다. 원피스 유니폼은 허용된다.

– 팬츠는 앞뒤가 같은 단색이어야 하지만, 셔츠와 같은 색이 아니어도 무방하다.

– 팀의 모든 선수들은 같은 색의 양말을 신어야 한다.

4.3.2 모든 선수는 셔츠의 앞뒤에 셔츠와 대조적인 단색의 번호를 붙여야 한다. 번호는 선명하게 보여야 하며 또한 :

– 등에 붙이는 번호는 높이가 적어도 20cm 이상

– 앞에 붙이는 번호는 높이가 적어도 10cm 이상

– 숫자의 굵기는 2cm 이상

– 각 팀은 4에서 15까지의 번호를 사용해야 한다. 각 국의 연맹들은 국내 경기에서 최대한 두 자리 숫자의 다른 번호를 사용하도록 할 수도 있다.

– 같은 팀에서 중복되는 번호를 붙여서는 안 된다.

– 광고나 로고는 셔츠의 앞뒤에 붙인 번호에서 최소 5cm는 떨어져 있어야 한다.

4.3.3 팀들은 적어도 두 벌의 셔츠를 가지고 있어야 한다. 그리고 :

– 프로그램에 먼저 기재된 팀(홈팀)이 밝은 색의 셔츠(되도록 흰색)를 입어야 한다.

– 프로그램에 뒤에 기재된 팀(비지팅 팀)이 어두운 색의 셔츠를 입어야 한다.

– 그러나 두 팀이 합의하였다면, 셔츠의 색을 서로 바꾸어 입을 수도 있다.

4.4 기타 장비 (Other equipment)

4.4.1 선수가 사용하는 모든 장비는 농구경기에 적합한 것이어야 하며, 선수

의 키를 늘리거나, 팔의 길이를 길게 하거나 그 밖에 부당한 이득을 줄 수 있는 것들은 허용되지 않는다.

4.4.2 주심은 어느 선수든지 다른 선수에게 부상을 입힐 수 있는 물건을 착용하지 못하도록 하여야 한다.

– 다음과 같은 것은 허용되지 않는다.

- 손가락, 손, 손목, 팔꿈치 또는 팔뚝 (팔꿈치 아랫부분) 보호대로, 가죽, 플라스틱, 소프트 플라스틱, 금속이나, 그 밖의 단단한 재료로 만든 깁스나, 그 밖의 단단한 재료로 만든 부목 등은 부드러운 것으로 겉을 씌웠어도 허용되지 않는다.
- 상처나 찰과상을 입힐 수 있는 것 (손톱은 짧게 깎아야 한다).
- 헤드기어나 머리 액세서리와 보석류

– 다음과 같은 것은 허용된다.

- 어깨나 팔뚝 (팔의 윗부분) 허벅지와 다리 아랫부분 보호대로써 다른 사람에게 부상을 입히지 않도록 겉을 씌운 것.
- 바지와 같은 색상의 언더 가멘트 (하의 속옷)
- 셔츠와 같은 색깔의 팔 보호용 소매
- 팬츠 색과 같은 압박 스타킹. 다리 위쪽은 무릎 위까지, 다리의 아래쪽은 무릎 밑에 착용해야 한다.
- 무릎을 완전히 덮는 브레이스.
- 단단한 재료로 만들었어도, 코뼈 보호기구는 허용된다.
- 투명한 마우스 가드
- 다른 선수에게 위험하지 않을 안경.
- 거칠지 않은 단색 천이나 부드러운 플라스틱 또는 고무로 만든 너비 5cm 이하의 머리띠
- 색깔이 없는 팔, 어깨, 다리 등의 테이핑 등이다.

4.4.3 경기 중 선수는 몸, 머리카락, 그 외의 부분에 이띠한 상업적, 광고적 또는 자선사업명, 마크, 상표명 또는 그 밖의 신분표식을 포함하는 것을 표시할 수 없다.

4.4.4 이 조항에 규정되어 있지 않은 모든 장비는 먼저 FIBA 기술위원회의 승인을 받아야 한다.

제5조 선수의 부상 (Players : Injury)

5.1 선수가 부상당했을 때 심판들은 경기를 중단시킬 수도 있다.

5.2 볼이 라이브 중에 선수가 부상을 당했다면, 심판은 볼을 컨트롤하고 있는 팀

이 필드 골을 위한 슛을 하였거나, 볼의 컨트롤을 잃었거나, 볼을 플레이하는 것을 멈추었거나, 볼이 데드 될 때까지 호각을 불지 말아야 한다.

그러나 부상선수를 보호할 필요가 있을 때에는, 심판들은 즉시 경기를 중단시킬 수도 있다.

5.3 만일, 부상당한 선수가 즉시(약 15초 이내) 경기를 계속할 수 없거나, 만일치료를 받아야 된다면, 5명 이하의 선수가 경기해야 하는 경우가 아닌 한 부상선수는 교체해야 한다.

5.4 코치, 어시스턴트 코치, 교대선수, 코트에서 물러난 선수와 팀 관계자들은 부상당한 선수가 교체되기 전에 우선 심판의 허락을 받고, 부상선수를 돌보기 위해 코트에 들어갈 수 있다.

5.5 만일 의사가 판단하기에 부상당한 선수가 응급처치를 필요로 한다면, 의사는 심판의 허락 없이도 코트에 들어갈 수 있다.

5.6 경기 중 부상으로 출혈이 있거나, 상처가 벌어진 부상을 당한 선수는 교체하여야 한다. 그 선수는 출혈이 멎거나, 벌어진 상처가 완벽하게 가려진 상태로 치료가 되어야만 다시 경기에 참가할 수 있다.

만일 부상당한 선수, 또는 출혈이 있거나, 상처가 벌어진 부상을 당한 선수가 어느 한 팀의 타임아웃으로 경기시계가 멈추어 있는 동안 기록원의 교체 신호가 있기 전에 회복이 된다면, 그 선수는 경기를 계속할 수 있다.

5.7 경기의 개시에 있어서 코치가 지명한 선수(스타팅 멤버)가 부상을 당했을 때, 그 선수는 교체할 수 있다. 이때에는 상대 팀에서도 원한다면 같은 수의 선수를 교체할 수 있다.

제6조 주장의 임무와 권한 (Captain : Duties and powers)

6.1 주장은 경기장내에서 그의 팀을 대표하기 위해 코치가 지명하는 선수이다. 주장은 알고자 하는 사항에 대하여 경기 중에 심판들과 의견을 나눌 수 있다. 이때에는 반드시 볼이 데드 되고 경기시계가 정지된 동안에 한하며, 또한 정중한 태도로 하여야 한다.

6.2 주장은 그의 팀이 경기결과에 대하여 제소하고자 한다면, 경기가 끝나자마자 즉시 스코어 시트상의 주장이 서명할 난에 서명함으로써 그 팀의 의사를 주심에게 알려야 한다.

제7조 코치의 임무와 권한 (Coaches : Duties and powers)

7.1 적어도 경기개시 예정시간 20분 전에 각 팀의 코치 또는 그의 대리인은 경기

에 출전할 선수의 번호와 이름이 적힌 팀 멤버의 명단을 연 번호로, 팀의 주장이름, 코치와 어시스턴트 코치의 이름과 함께 기록원에게 제출해야 한다.

경기가 개시된 후에 선수가 경기장에 도착했어도 경기 개시 전에 제출한 팀 멤버의 명단에 포함되어 있다면, 그 선수는 경기에 참여할 수 있다.

7.2 적어도 경기개시 예정시간 10분 전에 양 팀 코치들은 자기 팀 멤버들의 연 번호와 이름을 확인하고 동의하고, 스코어 시트에 서명한다. 이때에 코치들은 경기개시에 출전할 5명의 선수를 지명하여야 한다. A팀의 코치가 먼저 이 절차를 마쳐야 한다.

7.3 코치 또는 어시스턴트 코치, 교대선수와 팀 관계자만이 팀 벤치에 앉을 수 있고, 팀 벤치구역에 있을 수 있다.

7.4 코치 또는 어시스턴트 코치만이 경기 중에 볼이 데드되고, 경기시계가 정지되었을 때 기록석에 가서 숫자에 관한 기록 정보를 얻을 수 있다.

7.5 헤드 코치만이 경기 중에 서 있을 수 있다. 그는 경기 중 팀 벤치 구역 안에서 선수에게 말로 지시를 내릴 수 있다.

7.6 만일 어시스턴트 코치가 있다면, 그의 이름은 경기 시작 전에 스코어 시트에 기재되어야 한다. (서명은 필요하지 않음) 그는 어떠한 사유로든지 코치가 그의 임무와 권한을 계속 수행할 수 없을 때 그의 임무와 권한을 대행해야 한다.

7.7 주장이 어떤 사유로든지 경기장을 떠날 때 코치는 코트에서 그가 없는 동안 주장을 대행할 선수의 번호를 심판에게 알려야 한다.

7.8 주장은 코치가 없거나, 코치가 임무를 계속 수행할 수 없거나, 스코어 시트 에 기재된 어시스턴트 코치가 없거나 또는 그가 임무를 계속 수행할 수 없을 때 코치를 대행해야 한다.

주장이 정당한 사유로 코트를 떠났을 때에는 코치를 대행할 수 있으나 실격되었거나, 부상으로 인하여 코치를 대행할 수 없을 때에는 그와 교체된 주장이 코치를 대행해야 한다.

7.9 코치는 규칙에 프리 드로를 할 선수가 정해져 있지 않을 경우 프리 드로를할 선수를 지명해야 한다.

제4장 경기규정 (PLAYING REGULATIONS)

제8조 경기시간, 동점과 연장전 (Playing time, tied score and extra periods)

8.1 경기는 10분 4피리어드로 진행한다.

다만, 국내 중학교 경기는 8분 4피리어드로 진행한다.

8.2 경기개시 예정시간 전에 적어도 20분의 준비시간이 있어야 한다.

8.3 1, 2피리어드 사이(전반전)와 3, 4피리어드 사이(후반전) 그리고 연장전 시작 전의 휴식기간은 2분으로 한다.

8.4 하프 타임의 휴식기간은 15분으로 한다.

8.5 경기의 휴식기간은 다음과 같은 때에 시작된다.

- 경기개시 예정시간 20분전.
- 경기시계가 각 피리어드의 종료신호를 울릴 때.

8.6 경기의 휴식기간은 다음과 같은 때에 끝난다.

- 1피리어드 개시의 점프 볼에서 토스된 볼이 주심의 손에서 떠났을 때.
- 다른 모든 피리어드 개시의 드로 인에서 드로 인 할 선수에게 볼이 핸딩 되었을 때.

8.7 만일, 4피리어드의 경기시간이 끝났을 때 스코어가 동점이 되었으면, 경기는 승패가 가려질 때까지 5분씩의 연장전을 계속해야 한다.

8.8 만일, 파울이 경기시계가 종료를 알리기 바로 직전 또는 경기종료와 동시에 일어났다면, 이에 따른 모든 프리 드로는 경기 종료 이후에 시행하여야 한다.

8.9 만일, 이 프리 드로의 결과로 인하여 연장전을 하게 된다면, 경기종료 이후에 일어난 모든 파울은 경기의 휴식기간 중에 일어난 것으로 간주하며, 이 파울에 의한 프리 드로는 연장전 개시 전에 시행해야 한다.

제9조 경기 또는 피리어드의 시작과 종료(Beginning and end of a period or the game)

9.1 1피리어드는 경기개시의 점프 볼에서 토스된 볼이 주심의 손에서 떠났을 때 시작된다.

9.2 다른 모든 피리어드들은 드로 인 할 선수에게 볼이 핸딩되었을 때 시작된다.

9.3 만일 한 팀에서 5명의 선수가 경기할 준비가 되어 있지 않으면, 경기는 시작할 수 없다.

9.4 모든 경기에 있어서 프로그램에 먼저 기재된 팀(홈 팀)이 코트를 향하여 기록석의 왼쪽 벤치와 바스켓을 자기 팀 바스켓으로 정한다.

다만, 양 팀의 합의하에 벤치, 혹은 바스켓을 서로 바꿀 수도 있다.

9.5 1피리어드와 3피리어드의 개시 전에, 팀들은 상대 팀의 바스켓의 하프코트에

서 웜 업을 할 수 있다.

9.6 팀들은 후반전에 바스켓을 서로 바꾸어야 한다.

9.7 모든 연장전에서 각 팀은 4피리어드와 같은 방향의 바스켓을 향하여 플레이를 계속해야 한다.

9.8 피리어드, 연장전과 경기는 경기시간의 끝남을 알리는 경기시계의 신호로서 끝난다.

제10조 볼의 상태 (Status of the ball)

10.1 볼은 다음과 같이 라이브, 혹은 데드가 될 수 있다.

10.2 다음과 같은 때에 볼은 라이브가 된다. :

- 점프 볼에 있어서, 주심이 토스한 볼이 주심의 손을 떠났을 때.
- 프리 드로에 있어서, 심판이 프리 드로 할 선수에게 볼을 핸딩했을 때.
- 드로 인에 있어서, 심판이 드로 인 할 선수에게 볼을 핸딩했을 때이다.

10.3 다음과 같은 때에 볼은 데드된다. :

- 필드 골 또는 프리 드로가 성공되었을 때.
- 볼이 라이브 중에 심판이 호각을 불었을 때.
- 다음과 같은 상황에서 프리 드로한 볼이 바스켓에 들어가지 않을 것이 확실할 때.
  - 또 다른 프리 드로가 남아 있을 때 .
  - 또 다른 벌칙이 남아 있을 때 (프리 드로 또는 볼의 소유권)
- 각 피리어드의 경기시간이 끝나는 신호가 울렸을 때.
- 한 팀이 볼을 컨트롤하고 있는 동안 24초시계의 신호가 울렸을 때.
- 득점을 위해 슛한 볼이 공중에 있는 동안 다음과 같은 상황에서 어느 팀의 선수든지 볼을 터치했을 때 :
  - 심판이 호각을 분 다음
  - 피리어드의 경기시간이 끝나는 신호가 울린 다음
  - 24초시계의 신호가 울린 다음

10.4 다음과 같은 때 볼은 데드 되지 않고 골이 성공되면 득점으로 인정한다.

- 필드 골을 위해 슛한 볼이 공중에 있는 동안 :
  - 심판이 호각을 불었을 때.
  - 피리어드의 끝남을 알리는 경기시계의 신호가 울렸을 때.
  - 24초시계의 신호가 울렸을 때.

– 프리 드로에 있어서 슛한 볼이 공중에 있는 동안, 프리 드로한 선수가 범한 바이얼레이션이 아닌 다른 규칙위반으로 심판이 호각을 불었을 때.

– 필드 골을 위해 슛을 하는 선수가 슛 동작 중에 있을 때 상대팀 선수가 파울을 범했으나, 파울이 일어나기 전에 이미 연속적인 동작으로 시작한 슛을 마쳤을 때.

이 제한은 다음과 같은 상황에는 적용되지 않으며 골이 성공되어도 득점으로 인정하지 않는다.

- 심판이 호각을 분 다음 전혀 새로운 슛 동작을 하였을 때
- 선수가 연속적인 슛 동작 중에 있는 동안 피리어드가 끝나는 경기시계의 신호 또는 24초시계가 울렸을 때

제11조 선수와 심판의 위치 (Location of a player and an official)

11.1 선수의 위치는 그가 터치하고 있는 플로어의 위치에 따라 결정된다.

선수가 점프하여 공중에 있을 때에는, 그가 마지막으로 터치하고 있던 플로어에 있는 것으로 간주한다.

이 원칙은 경계선, 센터 라인, 3점 슛 라인, 프리 드로 라인과 제한구역을 표시하는 선과 노차지 세미서클 라인에도 적용된다.

11.2 심판의 위치도 선수와 같은 원칙에 따라 결정된다.

볼이 심판에게 터치되면, 심판이 위치한 플로어에 터치된 것과 같이 간주한다.

제12조 점프 볼과 소유권의 교체 (Jump ball and alternating possession)

12.1 점프 볼의 정의 (Jump ball definition)

12.1.1 점프 볼은 1피리어드의 개시에 있어서 센터 서클에서 상대적인 2명의 선수사이로 심판이 볼을 토스함으로서 시행된다.

12.1.2 헬드 볼은 상대적인 선수가 1명 또는 여러 명이 한 손 또는 두 손으로 볼을 꽉 잡고 있어, 난폭한 방법이 아니고는 볼을 차지하여 컨트롤할 수 없을 때 선언된다.

12.2 점프 볼의 절차 (Jump ball procedure)

12.2.1 각 점퍼는 자기 팀 바스켓에 가까운 센터 서클의 반원 안에 두발을 딛고 있어야 하고, 그 중 한 발은 원의 센터 라인에 가까이 딛고 있어야 한다.

12.2.2 만일 상대 팀 선수가 어떤 자리를 요구한다면, 같은 팀의 선수는 서클 주위에 인접한 위치를 차지할 수 없다.

12.2.3 심판은 두 점퍼 사이로 어느 선수도 점프하여 도달할 수 없는 높이까지 볼을 위(수직)로 토스하여야 한다.

12.2.4 볼은 최고점에 도달한 다음, 적어도 한 명의 점퍼에게 정당하게 손으로 탭이 되어야 한다.

12.2.5 어느 점퍼도 볼이 정당하게 탭 되기 전에, 그의 위치에서 물러나서는 안 된다.

12.2.6 볼이 점퍼 이외의 8명의 선수나 플로어에 터치되기 전에 어느 점퍼도 그 볼을 잡거나, 한 점퍼가 2회를 초과하여 터치할 수 없다.

12.2.7 점퍼 중 적어도 1명의 점퍼라도 볼을 탭 하지 못했을 때에는, 다시 점프볼을 시행한다.

12.2.8 점퍼 이외의 선수들은 볼이 탭 될 때까지, 신체의 일부분이 서클 라인 위에 있거나 또는 서클의 라인(실린더)을 넘어설 수 없다.

규칙 제12.2.1, 12.2.4, 12.2.5, 12.2.6, 12.2.8을 위반하는 것은 바이얼레이션이다.

12.3 점프 볼의 상황 (Jump ball situations)

다음과 같은 때 점프 볼의 상황이 된다. :

- 헬드 볼이 선언되었을 때.
- 볼이 아웃되었을 때, 심판들이 마지막으로 볼에 터치한 선수가 누구인지 확인하지 못했거나, 의견이 서로 다를 때.
- 마지막 또는 하나만의 프리 드로에 있어서 프리 드로가 성공되지 않고, 양 팀이 프리 드로의 바이얼레이션을 범했을 때.
- 라이브 된 볼이 백 보드와 링 사이에 끼었을 때 (프리 드로와 프리 드로의 사이는 제외).
- 어느 팀에게도 볼의 소유권이 없거나, 어느 팀도 볼을 컨트롤하고 있지않는 상황에서 볼이 데드 되었을 때.
- 두 팀에게 주어야 할 같은 비중의 벌칙을 상쇄하고 더 이상 집행할 벌칙이 남아 있지 않은 상황에서, 그 후로 첫 번째 파울이나 바이얼레이션이 발생하기 전에 어느 팀도 볼을 컨트롤하고 있지 않았거나, 소유권을 갖고 있지 않았을 때.
- 1피리어드가 아닌 모든 피리어드가 시작될 때.

12.4 볼 소유권 교체의 정의 (Alternating possession definition)

12.4.1 볼 소유권의 교체란 점프 볼 대신에 드로 인을 통하여 볼이 라이브 되는 방법을 말한다.

12.4.2 볼 소유권의 교체는 :

- 볼이 드로 인을 할 선수에게 핸딩되었을 때 시작되고
- 다음과 같은 때 끝난다.
  - 볼이 코트 안에 있는 선수에게 정당하게 터치되거나, 선수가 터치할 때
  - 드로인을 하는 팀이 바이얼레이션을 범할 때
  - 드로 인 하는 동안 라이브 볼이 링과 백 보드 사이에 끼었을 때

12.5 볼 소유권 교체의 절차 (Alternating possession procedure)

12.5.1 모든 점프 볼의 상황에서 팀들은 소유권의 교체를 통하여 점프 볼의 상황이 발생한 지점으로부터 가장 가까운 경계선 밖에서 드로 인을 한다.

12.5.2 점프볼 후 코트 내에서의 라이브 된 볼을 컨트롤하지 못한 팀은, 다음번 점프볼의 소유권 교체 기회에 볼의 소유권을 갖는다.

12.5.3 각 피리어드가 끝났을 때, 다음번 볼 소유권 교체의 자격을 갖고 있는 팀은, 다음 피리어드가 시작될 때 기록석 반대편의 센터 라인 연장선 밖에서 드로인을 한다.

단, 새로운 프리 드로를 시행 하거나, 볼 소유권에 대한 벌칙이 남아 있을 때는 예외이다.

12.5.4 볼 소유권 교체로 인하여 드로 인의 권리가 있는 팀을 표시하기를 위하여, 공격할 상대팀 바스켓을 향한 소유권 교체의 화살모양의 표시를 하여야 한다. 화살표시 방향은 볼 소유권 교체로 인한 드로 인이 끝나면, 즉시 반대 방향으로 바뀌어야 한다.

12.5.5 볼 소유권의 교체로 인해 드로 인을 하는 팀이 드로 인의 바이얼레이션을 범한다면, 그 팀은 볼 소유권 교체의 자격을 상실하게 된다. 볼 소유권 교체의 화살표시는 즉시 바뀌며, 바이얼레이션을 범한 반대 팀이 다음 점프 볼의 상황에서 소유권의 교체로 인한 드로 인을 하게 될 것임을 표시해야 한다.

그 다음에, 바이얼레이션을 범한 반대 팀에게 원래 드로 인하려던 지점에서 볼의 소유권을 줌으로서 경기를 재개한다.

12.5.6 다음과 같은 때 일어나는 어느 팀의 파울도 볼의 소유권 교체로 인한 드로인의 권리를 상실케 하지 못한다.

- 1피리어드를 제외한 나머지 피리어드가 시작되기 전.
- 볼 소유권의 교체로 인한 드로 인이 시행되는 도중.

제13조 볼을 플레이 하는 방법 (How the ball is played)

13.1 정의 (Definition)

농구경기에 있어서 볼은 손으로만 플레이해야 하며, 이 규칙에 정해진 바에 따라 어느 방향으로든 패스하거나, 던지거나, 탭하거나, 굴리거나 드리블을 할 수 있다.

13.2 규칙의 적용 (Rule)

13.2.1 선수는 볼을 가지고 달려가거나, 고의로 차거나, 주먹으로 치거나, 어느 부분이든지 다리로 볼을 막아서는 안 된다. 그러나 우연히 다리의 어느 부분에 볼이 닿거나, 터치 되는 것은 바이얼레이션이 아니다.

규칙 13.2를 위반하는 것은 바이얼레이션이다.

제14조 볼의 컨트롤 (Control of the ball)

14.1 정의 (Definition)

14.1.1 팀의 컨트롤은 그 팀의 한 선수가 라이브 된 볼을 잡고 있거나(hold), 드리블 하고 있거나, 심판으로부터 볼이 핸딩 되었을 때에 시작된다.

14.1.2 다음과 같은 때에 팀 컨트롤은 계속되고 있는 것으로 간주한다.

- 팀의 한 선수가 라이브 된 볼을 컨트롤하고 있을 때.
- 팀 동료에게 볼을 패스하고 있을 때.

14.1.3 다음과 같은 때에 팀의 컨트롤은 끝난 것으로 간주한다.

반대 팀 선수가 볼을 컨트롤하게 될 때.

- 볼이 데드 되었을 때.
- 볼이 필드 골 또는 프리 드로 슛을 하는 선수의 손에서 떠났을 때.

제15조 슛 동작 중에 있는 선수 (Player in the act of shooting)

15.1 정의 (Definition)

15.1.1 필드 골, 혹은 프리 드로를 위한 슛이란 선수가 손으로 잡고 있던 볼을 상대팀의 바스켓을 향하여 공중으로 던지는 것을 말한다.

탭은 볼을 직접 손으로 상대 팀의 바스켓을 향하게 하는 것을 말한다.

덩크는 볼을 한 손, 혹은 양손으로 잡고 상대 팀 바스켓 위로부터 아래로 강하게 집어넣는 것을 말한다.

탭과 덩크는 모두 필드 골을 위한 슛으로 간주한다.

15.1.2 슛 동작 :

- 슛 동작이란 심판이 판단하기에 선수가 득점하기 위하여 상대 팀 바스켓을 향해 드로, 덩크, 탭을 하려고 볼을 손에서 떠나보내기 전에 통상적으로 하는 연속적인 움직임으로 시작된다.
- 슛 동작은 슛하는 선수의 손에서 볼이 떠났거나, 공중에서 슛을 한 선수의 두 발이 플로어에 되돌아 올 때 끝난다.

득점을 위한 슛을 시도하고 있는 선수가 그것을 저지하려는 상대 선수에게 팔을 붙잡혀 있을 수도 있다. 이러한 경우에 슛한 볼이 선수의 손을 떠났어야만 슛 동작으로 간주되는 것은 아니다.

몇 발의 정당한 스텝을 짚는 것은 슛 동작과 아무런 관계가 없다

15.1.3 슛 동작에 있어서 연속적인 움직임이란 :

- 선수가 볼을 손에(한 손 또는 양 손) 가지고 슈팅 동작(일반적으로는 위로 올리는 동작)을 시작했을 때 시작된다.
- 필드 골을 시도하는 선수의 슛 동작은 팔 동작, 그리고 몸동작도 포함될수 있다.
- 볼이 선수의 손에서 떠났거나, 전혀 새로운 슛 동작이 시작되었을 때 끝난다.

제16조 골이 성공되는 때와 득점 (Goal : When made and it's value)

16.1 정의 (Definition)

16.1.1 골이란 라이브 된 볼이 바스켓 위로부터 들어가 안에 머무르거나 또는 통과 했을 때에 성공된 것으로 한다.

16.1.2 볼의 일부분이 링의 높이보다 낮은 곳에 있을 때, 그 볼은 바스켓 안에 있는 것으로 간주한다.

16.2 규칙의 적용 (Rule)

16.2.1 골은 다음과 같이 볼이 바스켓에 들어갔을 때, 바스켓에 공격한 팀이 득점한 것으로 한다.

- 프리 드로에 의한 골은 1점,
- 2점 슛 지역에서의 필드 골은 2점,
- 3점 슛 지역에서의 필드 골은 3점으로 계산한다.
- 마지막 또는 하나만의 프리 드로에 있어서 볼이 링에 터치된 다음, 바

스켓을 통과하기 전에 공격 또는 수비 선수가 정당하게 터치하여, 골이 성공되었다면, 그 골은 2점으로 계산한다.

16.2.2 만일 한 선수가 우연히 자기 팀 바스켓으로 필드 골을 성공시켰다면, 2점으로 계산하고, 코트에서 경기하고 있는 반대 팀의 주장이 득점한 것으로 기록한다.

16.2.3 만일 한 선수가 고의로 자기 팀 바스켓에 필드 골을 성공시켰다면, 바이얼레이션이며 득점으로 인정하지 않는다.

16.2.4 만일 한 선수가 볼을 바스켓 밑으로부터 완전히 통과시켰다면, 바이얼레이션이다.

16.2.5 드로 인 된 볼이나, 마지막 또는 한 개만의 프리 드로에서 리바운드 된 볼을 소유한 선수가 필드 골을 위한 슛을 시도하려면 경기시계에 0.3초(3/10초)나 그 이상의 시간이 남아 있어야 한다.

그러나 만일 경기시계가 0.2초 또는 0.1초가 남아 있다면, 탭이나 직접 덩크슛에 의해서만 필드 골의 득점이 인정 될 수 있다.

제17조 드로 인 (Throw-in)

17.1 정의 (Definition)

17.1.1 드로 인은 경계선 밖에서 드로 인 하려는 선수가 코트 안으로 볼을 패스함으로써 이루어진다.

17.2 절차 (Procedure)

17.2.1 다음과 같은 때 심판은 드로 인 할 선수에게 볼을 핸딩해 주거나, 플로어에 볼을 놓을 수 있으며, 다음과 같은 때에는 볼을 드로 인 할 선수에게 볼을 토스 또는 바운드 패스해 줄 수도 있다. :

- 심판이 드로 인 할 선수로부터 4m 이내의 거리에 있을 때.
- 드로 인 할 선수가 심판이 지정하는 곳에 정확한 위치를 잡고 있을 때.

17.2.2 드로 인 할 선수는 백 보드 바로 뒤를 제외하고는, 규칙위반이 발생한 곳으로부터 가장 가까운 지점 또는 심판이 경기를 중단시킨 곳으로부터 가장 가까운 지점에서 드로 인 해야 한다.

17.2.3 다음과 같은 상황에서 이어지는 드로 인은 기록석 반대쪽 센터 라인의 연장선에서 해야 한다.

- 1피리어드를 제외한 모든 피리어드의 시작할 때.
- T 파울, 스포츠정신에 위배되는 파울이나, 실격되는 파울로 인한 프리 드로를 마친 후에. 드로 인하는 선수는 센터 라인 연장선을 사이에 두

고 한 발씩 딛고 서야 하며 경기장내 어디에 있는 선수에게든지 볼을 패스 할 수 있다.

17.2.4 4피리어드와 각 연장전의 마지막 2분 동안 타임아웃을 요청한 팀이 이어지는 경기 개시에 있어 백 코트에서 드로 인의 소유권을 갖고 있다면, 그 드로인은 기록석의 반대쪽에 그려진 프런트 코트의 드로 인 라인에서 해야 한다.

17.2.5 볼을 컨트롤하고 있는 팀 또는 드로 인의 권리를 갖고 있는 팀의 선수가 범한 퍼스널 파울로 인한 드로 인은, 규칙위반이 발생한 곳으로부터 가장 가까운 경계선 밖에서 해야 한다.

17.2.6 필드 골이나 프리 드로가 바스켓으로 들어갔으나, 득점이 인정되지 않을 때 에는, 언제나 프리 드로 라인의 연장선상 사이드라인 밖에서 드로 인을 해야한다.

17.2.7 필드 골이나 마지막 또는 한 개만의 프리 드로가 성공된 다음에는 :

- 득점한 반대 팀의 어느 선수든지, 득점을 당한 엔드 라인 바깥 어느 지점에서라도 드로 인을 할 수 있다.

  이 규정은 필드 골이나 프리 드로가 성공된 후에, 타임아웃이나 그 밖의 어떤 이유로든 경기가 중단되고, 이어서 경기가 재개될 때, 심판이 드로 인 할 선수에게 볼을 핸딩 해주거나, 드로 인 할 지점에 볼을 놓고 난 다음에도 적용된다.

- 드로 인을 하는 선수는 평행으로 또는 뒤로 움직일 수 있으며, 또는 코트 밖에 있는 팀 동료에게 볼을 패스할 수도 있다. 그러나 경계선 밖에서 최초로 선수가 볼을 잡았을 때부터 5초의 계산은 시작된다.

17.3 규칙의 적용 (Rule)

17.3.1 드로 인 하려는 선수는 다음과 같은 행동을 해서는 안 된다.

- 볼이 손에서 떠나기 까지 5초를 넘기는 것.
- 볼을 손에 가지고 있으면서 코트를 밟는 것.
- 드로 인 한 볼이 손에서 떠난 다음, 경계선 밖에 터치시키는 것.
- 코트 안에서 다른 선수가 볼을 터치하기 전에, 코트 안에서 다시 볼을 터치하는 것.
- 드로 인 된 볼이 직접 바스켓 안으로 들어가게 하는 것.
- 필드 골이나 마지막 프리 드로가 성공된 다음이 아닌 경우, 볼이 손에서 떠나기 전 또는 떠나는 동안 심판이 지정한 경계선 밖의 지점으로부터 평행으로 1m 이상의 거리를 움직이는 것. 그러나 상황에 따라 뒤

로 움직이는 것은 허용된다.

17.3.2 드로 인을 하는 동안 코트 안에 있는 선수들은 다음과 같은 행동을 해서는 안 된다.

- 볼이 경계선을 넘어 드로 인되기 전에, 몸의 일부분이 경계선 밖으로 나가는 행위.
- 드로 인할 경계선 밖의 여유가 장애물로부터 2m가 되지 않는 곳에서 드로 인을 할 때, 드로 인하는 선수로부터 1m 이내로 접근하는 것.

규칙 제 17.3을 위반하는 것은 바이얼레이션이다.

17.4 벌칙 (Penalty)

드로 인 하려던 원래의 지점에서 반대 팀에게 볼을 주어 드로 인 시킨다.

제18조타임아웃 (Time-Out)

18.1 정의 (Definition)

타임아웃은 팀의 코치 또는 어시스턴트 코치의 요청에 따라 경기가 중단되는 것이다.

18.2 규칙의 적용 (Rule)

18.2.1 각 타임 아웃은 1분간으로 한다.

18.2.2 타임아웃은 타임아웃의 기회에만 허용된다.

18.2.3 타임아웃의 기회는 다음과 같은 때에 시작된다.

- 볼이 데드되고, 경기시계가 정지되어, 심판이 기록석에 볼이 데드된 내용의 전달을 마쳤을 때 양 팀에게.
- 마지막 또는 하나만의 프리 드로가 성공되어 볼이 데드되었을 때 양 팀에게.
- 필드 골이 성공된 다음 득점한 반대 팀에게.

18.2.4 타임아웃의 기회는 첫 번째 또는 하나만의 프리 드로를 시행할 선수에게 볼이 핸딩되었거나, 드로 인을 하려는 선수에게 볼이 핸딩되었을 때 끝난다.

18.2.5 각 팀에게는 전반전에 2회의 타임아웃이 허용되고, 후반에는 3회의 타임아웃이 허용되며, 매 연장전마다 1회씩의 타임아웃이 허용된다.

18.2.6 사용하지 않은 타임아웃은 후반전이나 연장전으로 이월시켜 사용할 수 없다.

18.2.7 규칙위반이 선언되지 않은 상태에서 반대 팀이 필드 골을 성공시킨 때

가 아니면 타임아웃은 이를 먼저 요청한 코치의 팀에게 준다.

18.2.8 4피리어드와 모든 연장전의 마지막 2분 동안 필드 골이 성공되어, 경기시계가 정지되었어도, 심판이 경기를 중단시키지 않는 한 득점한 팀에게는 타임아웃이 허용되지 않는다.

18.3 절차 (Procedure)

18.3.1 타임아웃은 코치와 어시스턴트 코치만이 요청할 수 있다. 그는 자신이 기록원과 눈 맞춤을 하거나, 기록석에 가서 손으로 관례적인 신호를 하면서 '타임아웃'이라고 분명히 요청해야 한다.

18.3.2 요청한 타임아웃의 취소는 기록원이 신호를 울리기 전에 요청할 경우에만 취소할 수 있다.

18.3.3 타임아웃의 기간은

- 심판이 호각을 불고 타임아웃의 신호를 할 때 시작된다.
- 심판이 호각을 불고 팀들에게 코트로 돌아오도록 베컨 신호를 할 때 끝난다.

18.3.4 타임아웃의 기회가 되면, 즉시 기록원은 그의 신호를 울려 타임아웃의 요청이 있다는 것을 심판에게 알려야 한다.

만일 필드 골이 성공되고, 득점한 반대 팀이 타임아웃을 요청했다면, 계시원은 즉시 경기시계를 멈추고 그 신호를 울려야 한다.

18.3.5 타임아웃 시간동안, 또한 2, 4피리어드 개시 전의 휴식기간, 연장전 개시 전의 휴식 기간에도 선수들은 코트를 떠나 자기 팀 벤치에 앉을 수 있으며, 팀벤치에 남아 있는 팀 멤버와 관계자들도 팀 벤치구역 부근에서 코트에 출입할 수 있다.

18.3.6 첫 번째 또는 하나만의 프리 드로를 시행하기 위해 슈터에게 볼이 핸딩된 다음 어느 팀이든지 타임아웃의 요청이 있었다면, 다음과 같은 상황에서만 타임아웃이 허용된다.

- 마지막 또는 하나만의 프리 드로가 성공되었을 때.
- 마지막 또는 하나만의 프리 드로 시행 후 기록석의 반대쪽 센터 라인 연장선 밖에서 드로 인을 할 때.
- 프리 드로와 프리 드로를 시행하는 사이에 파울이 있어났을 때에는 앞선 벌칙의 프리 드로를 마친 다음 새로운 파울에 대한 벌칙을 집행하기 전에 타임아웃이 허용된다.
- 마지막 또는 하나만의 프리 드로가 끝난 다음 볼이 라이브 되기 전에 파울이 일어났을 때에는, 새로운 벌칙을 집행하기 전에 타임아웃이 허

용된다.

– 마지막 또는 하나만의 프리 드로가 끝난 다음 볼이 라이브 되기 전에 바이얼레이션이 선언되었다면, 드로 인이 시행되기 전에 먼저 타임아웃이 허용된다.

한 개 이상의 파울 벌칙으로 인하여, 프리 드로나 볼의 소유권이 연속으로(세트로) 주어질 때 각 세트는 타임아웃을 위해 각기 별도로 취급한다.

제19조 선수의 교체 (Substitution)

19.1 정의 (Definition)

선수의 교체는 교대선수가 선수(Player)가 되고자 하는 요청에 따라 경기를 중단시키는 것이다.

19.2 규칙의 적용 (Rule)

19.2.1 팀은 선수 교체의 기회에 선수를 교체 할 수 있다.

19.2.2 선수교체의 기회는 다음과 같은 때에 시작된다.

– 볼이 데드되고, 경기시계가 정지되어, 심판이 기록석과의 의사전달을 끝냈을 때 양 팀에게

– 마지막 또는 하나만의 프리 드로가 성공되고 나서 볼이 데드되었을 때, 양 팀에게

– 4피리어드와 모든 연장전의 마지막 2분 동안 필드 골이 성공되고, 득점한 반대 팀이 선수교체를 요청했을 때이다.

19.2.3 선수교체의 기회는

첫 번째, 또는 하나만의 프리 드로에 있어서 볼이 선수에게 핸딩되었을 때와, 드로 인할 선수에게 볼이 핸딩되었을 때에 끝난다.

19.2.4 교체되어 교대 선수가 되거나, 선수가 된 선수는 경기시계가 시동되었다가 다시 정지되어 볼이 데드 되기까지, 경기에 다시 참여하거나 경기에서 떠날 수 없다.

다음과 같은 때에는 예외로 한다. :

– 팀의 선수가 5명 이하로 줄었을 때.

– 실수의 정정과 관련된 프리 드로를 해야 할 선수가 정당하게 교체되어 팀 벤치에 있을 때.

19.2.5 4피리어드와 연장전의 마지막 2분 동안 필드 골이 성공되어 경기시계

가 정지되어 있어도, 심판이 경기를 중단시키지 않는 한, 득점한 팀에게는 선수교체가 허용되지 않는다.

19.3 절차 (Procedure)

19.3.1 교대선수만이 교체를 요청할 권리가 있다. 교대선수는(코치나 어시스턴트코치가 아님) 기록원에게 가서 명확하게 선수 교체를 요청하고, 교체대기용 의자에 앉아야 한다. 이 때 교체할 선수는 즉시 경기할 수 있는 준비를 하고 있어야 한다.

19.3.2 선수교체 요청의 취소는 기록원의 신호가 울리기 전에만 가능하다.

19.3.3 선수교체의 기회가 시작되면 기록원은 즉시 그의 신호를 울려 선수 교체의 요청이 있다는 것을 심판들에게 알려야 한다.

19.3.4 교체할 선수는 심판이 호각을 불면서, 선수교체의 신호를 하고, 코트에 들어오라는 베컨 신호를 할 때까지 경계선 밖에 머물러 있어야 한다.

19.3.5 교체된 선수는 심판이나 기록원에게 보고하지 않아도 되며, 바로 자기 팀 벤치로 돌아갈 수 있다.

19.3.6 선수의 교체는 되도록 빨리 마쳐야 한다. 5개의 파울을 범했거나 실격되는 선수는 즉시(약 30초 이내에) 교체 하여야 한다.

만일 심판이 판단하기에 부당하게 지연시킨다면 그 팀에게 1개의 타임아웃을 주어야 한다. 만일 그 팀에게 타임아웃이 남아 있지 않다면 코치에게 T. 파울을 줄 수도 있으며 T. 파울은 B로 기록한다.

19.3.7 하프 타임의 휴식 기간을 제외하고, 차지 타임 아웃 시간 중 또는 휴식 기간 중에 선수교체를 할 때에도 교체할 선수는 경기에 참여하기 전에 기록원에게 알려야 한다.

19.3.8 프리 드로 슈터는 다음과 같을 때 교체되어야 한다.

- 부상당했을 때.
- 5반칙을 범했을 때.
- 실격 되었을 때.

프리 드로 슈터가 교체된 후의 프리 드로는 그와 교체된 선수가 해야 하며, 이때 교체된 선수는 경기시계가 시동되었다가 다시 정지될 때까지 교체 할 수 없다.

19.3.9 첫 번째 또는 하나만의 프리 드로에 있어서, 슈터에게 볼이 핸딩된 후 어느 팀이든지 선수교체를 요청했다면 다음과 같은 때 허용된다.

- 마지막 또는 하나만의 프리 드로가 성공되었을 때.

- 마지막 또는 하나만의 프리 드로를 마친 후, 기록석 반대쪽 센터라인 연장선 밖에서 드로 인을 할 때.
- 프리 드로와 프리 드로의 사이에 파울이 발생했다면, 남은 프리 드로를 마치고, 새로운 파울에 대한 벌칙이 집행되기 전에.
- 마지막 또는 하나만의 프리 드로를 마치고, 볼이 라이브 되기 전에 파울이 선언 되었다면, 새로운 파울에 대한 벌칙이 집행되기 전에.
- 마지막 또는 하나만의 프로 드로를 마치고, 볼이 라이브 되기 전에 바이얼레이션이 선언되었을 경우, 그 벌칙으로 드로 인이 시행되기 전에 선수 교체가 허용된다.

한개 이상의 파울 벌칙으로 인하여, 프리 드로가 연속으로(세트로) 주어질 때, 각 세트는 선수교체를 위해 각기 별도로 취급한다.

제20조 몰수로 패하는 경기 (Game lost by forfeit)

20.1 규칙의 적용 (Rule)

팀은 다음과 같은 때 경기를 몰수 패 당한다.

- 경기개시 예정시간 15분이 경과하도록 팀이 경기장에 나오지 않았거나, 5명의 선수가 경기장에서 경기할 준비를 갖추지 못했을 때.
- 경기가 진행되려는 것을 행동으로 방해할 때.
- 주심이 경기를 진행하도록 지시하였음에도 거부할 때.

20.2 벌칙 (Penalty)

20.2.1 경기는 상대팀이 승리한 것으로 하고, 스코어는 20 : 0 으로 하며, 또한 몰수패를 당한 팀은 순위결정 점수를 0점으로 한다(승전제도 채택시).

20.2.2 두 경기(home and away) 합산 점수제의 시리즈와 플레이오프 시리즈(best of three)에 있어서 시리스 1, 2, 3차전 중 한 경기에서 몰수 패를 당한 팀은 그 시리즈 또는 플레이오프 경기 전체를 몰수당한다. 이 원칙은 5강 이상 결정전의 플레이오프에는 적용되지 않는다.

20.2.3 토너먼트 경기에서 두 번째로 경기를 몰수당하는 팀은 토너먼트에서 실격되며, 그 팀의 당해 대회 실적을 모두 무효로 한다.

제21조 자격 상실로 패하는 경기 (Game lost by default)

21.1 규칙의 적용 (Rule)

경기 중 한 팀의 선수가 경기장에 1명이 남게 되면, 그 팀은 자격 상실로 경기에 패한다.

21.2 벌칙 (Penalty)

21.2.1 만일 자격을 상실하지 않은 팀이 경기가 중단된 시점에 득점이 많으면, 스코어는 그대로 기록하고 득점이 적을 때에는, 스코어를 2 : 0으로 기록한다. 그리고 자격상실로 패한 팀의 순위 결정점수는 1점으로 한다.

21.2.2 두 경기(home and away) 합산 점수제의 시리즈에서 첫 번째나, 두 번째 경기를 자격 상실로 패한 팀은, 그 시리즈를 자격상실에 의해 패한 것으로 한다.

제5장 바이얼레이션 (VIOLATIONS)

제22조 바이얼레이션 (Violations)

22.1 정의 (Definition)

바이얼레이션은 규칙을 위반하는 행위의 일종이다.

22.2 벌칙 (Penalty)

규칙에 별도의 규정이 없는 한, 볼은 바이얼레이션이 발생한 곳으로부터 가장 가까운 경계선 밖에서 반대 팀에게 주어 드로 인 시킨다. 다만 백 보드의 바로 뒤는 제외한다.

제23조 선수가 아웃되는 것과 볼이 아웃되는 것 (Player out-of-bounds and ball out-of-bounds)

23.1 정의 (Definition)

23.1.1 선수가 아웃된다는 것은, 선수의 신체 어느 부분이 경계선 상 또는 경계선 밖의 플로어나 물체에 닿고 있을 때를 말한다.

23.1.2 볼은 다음과 같은 때 아웃된 것으로 간주한다.

- 경계선 밖에 있는 선수 또는 그 외의 사람에게 터치될 때.
- 경계선 상, 위(천정) 또는 경계선 밖에 있는 물체나 플로어에 터치될 때.
- 백 보드의 받침, 백 보드의 뒷면, 경기장의 위에 있는 물체에 터치될 때.

23.2 규칙의 적용 (Rule)

23.2.1 비록 볼이 선수가 아닌 다른 것에 터치되어 아웃이 되었다 해도, 볼이 아웃되기 전에 마지막으로 터치한 선수가 볼을 아웃시킨 것으로 간주한다.

23.2.2 만일 볼이 경계선 바깥 또는 경계 선상에 있는 선수가 터치하거나, 터치되어 아웃이 되었다면, 그 선수가 볼을 아웃시킨 것이다.

23.2.3 헬드 볼이 발생할 때 한 선수가 경계선 밖이나, 백 코트로 움직였다 해도 바이얼레이션이 아니며, 점프 볼의 상황이 된다.

제24조 드리블링 (Dribbling)

24. 정의 (Definition)

24.1.1 드리블이란 선수가 라이브된 볼을 플로어에 던지거나, 탭하거나, 굴리거나, 고의로 백보드에 던지는 컨트롤 행위를 말한다.

24.1.2 드리블이란 코트에서 볼을 컨트롤 하는 선수가 볼을 플로어에 던지거나, 탭하거나, 굴리거나, 드리블 하거나 고의로 백보드에 던지고 난 다음에, 다른선수에게 터치되기 전에 다시 볼을 터치할 때 시작된다.

드리블은 볼이 동시에 선수의 양 손에 터치될 때 또는 한 손이나 두 손에 볼이 머무를 때 끝난다. 드리블을 시작할 때 볼을 공중으로 던지고 나서, 그 볼이 플로어나 다른 선수에게 터치되었다면, 그 선수는 볼을 다시 손으로 터치할 수도 있다.

선수는 볼이 손에 닿고 있지 않는 한 몇 걸음이라도 움직일 수 있다.

24.1.3 선수가 코트 내에서 우연히 볼을 놓쳤다가 다시 컨트롤하게 되는 것은, 볼을 펌블한 것으로 간주한다.

24.1.4 다음과 같은 것은 드리블이 아니다.

- 필드 골을 성공시키기 위한 연속적인 슛.
- 드리블을 시작할 때나 끝날 때 볼을 펌블하는 것.
- 주변의 다른 선수들과 볼을 컨트롤하기 위해 다투다가 탭 하는 것.
- 다른 선수가 컨트롤하고 있는 볼을 탭 하는 것.
- 패스하는 볼을 빗나가게 하고 다시 잡는 것.
- 트래블링 바이얼레이션에 저촉되지 않는 범위 내에서 볼이 플로어에 터치되기 전에, 한 손에서 다른 손으로 볼을 토스 하는 것

24.2 규칙의 적용 (Rule)

선수는 첫 번째 드리블을 끝낸 다음 다시 드리블을 해서는 안 된다. 다만 다

음과 같이 코트에서 볼의 컨트롤을 끝낸 다음에는 다시 드리블 할 수 있다.

- 필드 골을 위한 슛을 했을 때.
- 상대 선수가 볼을 터치 했을 때.
- 패스 또는 펌블이 된 볼을 다른 선수가 터치 했거나 다른 선수에게 터치되었을 때이다.

제25조 트래블링 (Travelling)

25.1 정의 (Definition)

25.1.1 트래블링이란, 코트에서 라이브된 볼을 가지고(hold) 이 조항에 정해진 제한을 벗어나, 어느 방향으로든지 한 발 또는 두 발 모두를 부당하게 움직이는 것을 말한다.

25.1.2 피벗이란, 코트에서 볼을 가지고 있는 선수가"피벗 풋"이 된 한 발을 플로어의 한 지점에 고정시킨 채, 다른 발을 어느 방향으로든지 한번 또는 그 이상 정당하게 옮겨 딛는 것을 말한다.

25.2 규칙의 적용 (Rule)

25.2.1 코트에서 라이브된 볼을 잡는 선수의 피벗 풋의 설정

- 두 발을 플로어에 딛고 서서 볼을 잡았을 때 :
  - 그 다음 어느 한 발을 플로어에서 떼는 순간 다른 한 발이 피벗 풋이 된다.
- 움직이고 있을 때 :
  - 만일 한 발이 플로어에 터치되어 있다면 그 발이 피벗 풋이 된다(첫 발).
  - 만일 두 발이 모두 플로어에서 떨어져 있는 상태에서, 동시에 두 발로 플로어에 내려섰다면, 다음에 한 발을 플로어에서 떼는 순간 다른 한 발이 피벗 풋이 된다.
  - 만일 두 발이 모두 플로어에서 떨어져 있는 상태에서 한발로 내려섰다면, 그 발이 피벗 풋이 된다. 만일 그 발로 점프를 했다가 두 발로 동시에 플로어에 내려섰다면 두발 모두 피벗 풋이 될 수 없다.

25.2.2 코트에서 볼을 컨트롤하는 동안 피벗 풋이 정해진 선수가 움직이려 한다면 :

- 두발이 모두 플로어에 터치된 채 서 있을 때 :
  - 드리블을 시작할 때에는 손에서 볼이 떠나기 전에 피봇 풋을 플로어

에서 뗄 수 없다.

• 패스나 슛을 할 때에는 피봇 풋으로 점프할 수 있지만, 볼이 손에서 떠나기 전에 어느 발도 플로어로 되돌아 올 수 없다.

– 움직이고 있을 때 :

• 패스나 슛을 할 때 선수는 피벗 풋으로 점프할 수 있다. 그러나 점프한 선수는 볼이 손에서 떠나기 전에 어느 발도 플로어에 되돌아오게 해서는 안 된다.

• 드리블을 시작할 때에는 볼이 손에서 떠나기 전에 피벗 풋이 플로어에서 떨어져서는 안 된다.

– 어느 발도 피벗 풋이 될 수 없는 상태로 스톱했을 때 :

• 드리블을 시작할 때에는 볼이 손에서 떠나기 전에 어느 발도 플로어에서 뗄 수 없다.

• 패스나 슛을 할 때 한발 또는 두 발을 모두 플로어에서 뗄 수 있지만, 볼이 손에서 떠나기 전에 어느 발도 플로어에 되돌아 올 수 없다.

25.2.3 선수가 플로어에 넘어졌을 때(넘어지거나, 눕거나, 앉은 상태)

– 선수가 볼을 잡고 있는 동안 플로어에 넘어지거나, 누워있거나, 앉아 있는 상태에서 볼을 컨트롤하거나, 미끌어 졌을 때 그 자체는 바이얼레이션이 아니다.

– 만일 그 다음에 볼을 잡고 있는 동안 구르거나, 일어서려 한다면 바이얼레이션이다.

제26소 3초 룰 (Three seconds)

26.1 규칙의 적용 (Rule)

26.1.1 경기시계가 움직이고 있는 동안 프런드 코드에서 볼을 컨트롤하고 있는 팀의 선수는, 상대 팀의 제한구역 안에 계속해서 3초를 초과하여 머무를 수 없다.

26.1.2 선수가 다음과 같은 상황에 있을 때에는 3초 룰 적용에 여유를 두어야 한다 :

– 선수가 제한구역을 떠나려고 하고 있을 때.

– 제한구역 안에 있는 선수 자신 또는 팀 동료가 슛 동작 중에 있으며, 그 볼이 선수의 손에서 떠나고 있거나 떠났을 때.

– 제한구역 안에서 3초가 되기 전부터 머물러 있던 선수가 필드 골을 위

한 슛을 하려고 드리블을 하고 있을 때이다.

26.1.3 자신이 제한 구역 밖에 있음을 확실히 하려면, 선수는 제한 구역 밖의 플로어에 두 발을 딛고 있어야 한다.

제27조 근접방어 당한 선수 (Closely guarded player)

27.1 정의 (Definition)

라이브된 볼을 갖고 있는 선수가 코트 안에서 상대선수로부터 1m 이내의 거리에서 적극적인 수비를 당할 때, 근접 방어를 당하는 것으로 간주한다.

27.2 규칙의 적용 (Rule)

근접방어를 당하는 선수는 5초 이내에 패스, 슛 또는 드리블을 하여야 한다.

제28조 8초 룰 (Eight seconds)

28.1 규칙의 적용 (Rule)

28.1.1 다음과 같은 상황에서 팀은 볼을 8초 이내에 프런트 코트로 넘어가게 해야 한다.

- 한 선수가 자기 팀의 백 코트에서 라이브된 볼을 컨트롤하게 되었을 때.
- 백 코트에서 드로 인 한때, 볼이 드로 인한 팀의 백 코트에 있는 어느 선수에게든지 터치되거나 터치하였을 때.

28.1.2 다음과 같은 때, 볼은 프런트 코트로 넘어간 것으로 간주된다.

- 어느 선수도 컨트롤하고 있지 않아도, 볼이 프런트 코트에 터치되었을때.
- 두 발을 프런트 코트에 터치하고 있는 공격 팀 선수에게 볼이 터치되거나, 그 선수가 터치 했을 때.
- 몸의 일부를 백 코트에 터치하고 있는 수비선수에게 볼이 터치 되거나, 그 선수가 터치했을 때.
- 볼을 컨트롤하고 있는 팀의 프런트 코트에 몸의 일부를 터치하고 있는 심판에게 볼이 터치되었을 때.
- 백 코트에서 프런트 코트로 드리볼하여 넘어가는 상황에서는 드리볼러의 두 발과 볼이 프런트 코트에 닿고 있을 때.
- 볼이 프런트 코트에 닿았을 때 (Contact).

28.1.3 앞서 볼을 백 코트에서 컨트롤하던 팀이 다음과 같은 사유로 다시 백

코트에서 드로 인을 하게 될 때에는 8초의 시간은, 나머지 시간만이 주어진다.

- 볼이 경계선 밖으로 나갔을 때.
- 같은 팀의 선수가 부상당했을 때.
- 점프 볼의 상황이 되었을 때.
- 더블 파울이 발생했을 때.
- 양 팀에게 같은 비중의 벌칙을 상쇄했을 때.

제29조 24초 룰 (Twenty-four seconds)

29.1 규칙의 적용 (Rule)

29.1.1 팀은 다음과 같을 때 24초 이내에 필드 골을 위한 슛을 시도해야 한다.

- 코트 안에서 선수가 라이브된 볼을 컨트롤하게 되었을 때.
- 드로 인을 할 때 드로 인한 팀의 선수가 코트 안에서 볼에 터치하거나, 정당하게 터치되었을 때.

필드 골을 위한 슛이 24초 이내에 이루어진다는 것은 다음과 같은 때를 말한다.

- 24초시계의 신호가 울리기 전에 필드 골을 위해 슛한 볼이 선수의 손을 떠났을 때.
- 필드 골을 위해 슛한 볼이 선수의 손에서 떠난 다음, 볼이 링에 터치되거나 혹은 바스켓에 들어갔을 때.

29.1.2 24초의 시간이 거의 끝날 무렵 필드 골을 위해 슛한 볼이 선수의 손을 떠나 공중에 있는 동안, 24초시계의 신호가 울렸을 때 :

- 볼이 바스켓 안으로 들어갔다면 24초시계의 신호는 무시하고, 골은 득점으로 인정하며, 바이얼레이션으로 처리하지 않는다.
- 볼이 링에는 터치되었으나 바스켓에 들어가지 않았다면, 24초시계의 신호는 무시하고, 경기는 계속된다.
- 만일 볼이 링에 터치되지 않았다면, 바이얼레이션으로 처리된다. 다만 슛한 반대 팀이 즉시 볼을 컨트롤하게 되었다면, 신호는 무시되고 경기를 계속한다.

골 텐딩과 인터피어런스에 관련된 모든 규정은 그대로 적용된다.

29.2 절차 (Procedure)

29.2.1 다음과 같은 상황에서 심판이 경기를 중단시켰다면

– 볼을 컨트롤하고 있지 않는 팀에 의한 파울이나 바이얼레이션이 발생했을 때(볼이 경계선 밖으로 나갔을 때는 제외)

– 볼을 컨트롤하고 있지 않는 팀의 정당한 사유로

– 어느 팀에게도 관련이 없는 정당한 사유로 중단되었다면 볼의 소유권은 경기가 중단되기 전에 컨트롤하고 있던 팀에게 준다.

만일 백 코트에서 드로 인을 하게 된다면, 24초 시계는 24초로 리셋 시킨다.

만일 프런트 코트에서 드로 인을 하게 된다면, 24초 시계는 다음과 같이 리셋 시킨다.

– 경기가 중단된 시점에 24초시계가 14초 또는 그 이상이 남아 있었다면, 24초시계는 리셋 시키지 않고 남아있던 시간만으로 경기를 진행시킨다.

– 경기가 중단된 시점에 24초시계가 13초 또는 그 미만이 남아 있었다면, 24초시계는 14초로 리셋 시키고 경기를 진행한다.

그러나 심판들이 판단하기에 반대 팀(수비팀)에게 불리한 상황이라면, 24초시계는 경기가 중단된 시점의 시간으로 경기를 진행해야 한다.

29.2.2 만일 어느 한 팀이 볼을 컨트롤하고 있거나, 어느 팀도 볼을 컨트롤하고 있지 않을 때 실수로 24초시계의 신호가 올렸다면, 신호는 무시하고 경기를계속해야한다.

그러나 심판이 판단하기에 볼을 컨트롤하고 있던 팀에게 불리한 상황이라면, 경기를 중단시키고 24초시계를 정정한 다음, 앞서 볼을 컨트롤하던 팀에게 볼을 주어 경기를 계속해야 한다.

제30조볼을 백 코트로 되돌아가게 하는 것 (Ball returned to the backcourt)

30.1 정의 (Definition)

30.1.1 다음과 같은 때 볼은 백 코트에 넘어간 것으로 간주한다.

– 볼이 백 코트에 터치될 때

– 몸의 일부분이 백코트에 닿고 있는 공격팀 선수가 볼에 터치하거나, 정당하게 터치되었을 때

– 백 코트에 몸의 일부분이 닿고 있는 심판에게 볼이 터치될 때이다.

30.1.2 한 선수가 프런트 코트에서 마지막으로 볼에 터치한 다음, 그 선수나 같은 팀의 선수가 백코트에서 되돌아 간 볼에 최초로 터치할 때, 볼을 부당하게 백코트로 되돌아가게 한 것으로 간주한다.

이 제한은 드로 인을 포함한 팀의 프런트 코트에서 일어나는 모든 상황에 적용된다, 그러나 프런트 코트에서 점프하여 공중에 있는 동안 새로운 팀 컨트롤을 하게 되어 백코트에 내려 설 때에는 예외로 한다.

30.2 규칙의 적용 (Rule)

볼을 컨트롤 하고 있는 선수는 볼을 부당하게 그의 백 코트로 되돌아가게 해서는 안 된다.

30.3 벌칙 (Penalty)

볼은 규칙위반이 발생한 곳으로부터 가장 가까운 상대팀의 프런트 코트 경계선 밖에서 반대 팀에게 주어진다. 다만, 백 보드의 바로 뒤는 제외한다.

제31조 골 텐딩과 인터피어런스 (Goal tending and Interference)

31.1 정의 (Definition)

31.1.1 필드 골이나 프리 드로의 슛은 :

– 슛 동작 중에 있는 선수의 손 (한 손 또는 두 손)에서 볼이 떠날 때 시작된다.

– 다음과 같은 상황일 때 끝난다. 볼이 :

- 바스켓 위로부터 직접 들어가 바스켓 안에 있거나 통과했을 때.
- 바스켓 안으로 들어가지 않을 것이 확실해질 때.
- 링에 터치되었을 때.
- 플로어에 터치되었을 때.
- 데드 되었을 때이다.

31.2 규칙의 적용 (Rule)

31.2.1 필드 골을 위한 슛에 대한 골 텐딩은 볼이 링 보다 높은 위치에 있는 동안 다음과 같이 선수가 볼을 터치했을 때에 일어난다. :

– 바스켓을 향해 낙하하고 있는 볼을 선수가 터치했을 때.

– 백 보드에 터치된 다음 볼을 선수가 터치했을 때.

31.2.2 프리 드로의 슛에 대한 골 텐딩은 링에 터치되기 전에, 바스켓을 향해 날아 가고 있는 볼을 선수가 터치했을 때 일어난다.

31.2.3 골 텐딩의 제한들은 다음과 같은 때까지 적용된다.

– 슛한 볼이 바스켓 안으로 들어가지 않을 것이 확실해질 때.

– 볼이 링에 터치되었을 때.

31.2.4 인터피어런스는 다음과 같은 때 일어난다. :

- 필드 골을 위한 슛이나 마지막 또는 하나만의 프리 드로에 있어서, 슛한 볼이 링에 얹혀 있는 동안 선수가 바스켓이나, 백 보드를 터치했을 때.
- 프리 드로가 더 남아 있는 상황에서 프리 드로한 볼이 바스켓으로 들어갈 가능성이 있는 볼이나 바스켓, 백 보드를 선수가 터치했을 때.
- 선수가 바스켓 밑으로부터 팔을 뻗어 볼을 터치 했을 때.
- 수비선수가 슛한 볼이 바스켓 안에 있는 동안 네트를 통과하지 못하도록 볼이나 바스켓을 터치 했을 때.
- 선수가 바스켓을 잡고 매달리거나 흔들어 놓아 볼이 바스켓으로 들어갔거나 들어가지 않았다고 심판이 판단했을 때.
- 선수가 바스켓을 잡고 매달려 볼을 플레이 했을 때.

31.2.5 다음과 같은 때 즉 :

- 슛 동작 중에 있는 선수의 손에 볼이 있거나, 필드 골을 위해 슛한 볼이 공중에 있는 동안 심판이 호각을 불었을 때.
- 필드 골을 위해 슛한 볼이 공중에 있는 동안 피리어드가 끝나는 경기시계의 신호가 올렸을 때에는.

어느 선수도 볼이 링에 터치된 다음, 바스켓 안으로 들어갈 수 있는 가능성이 있는 동안 그 볼에 터치해서는 안 된다.

골 텐딩과 인터피어린스에 관련된 모든 규정이 적용된다.

31.3 벌칙 (Penalty)

31.3.1 만일 공격 팀이 바이얼레이션을 범했다면 득점이 인정되지 않는다. 규칙에 별도로 정해진 것이 없는 한, 볼을 반대 팀에게 주어 프리 드로 라인의 연장선상 경계선 밖에서 드로 인 시킨다.

31.3.2 만일 수비 선수가 바이얼레이션을 범했다면, 공격 팀에게 :

- 볼이 프리 드로 상황에서 슛이 된 상태라면 1점.
- 볼이 2점 슛 지역에서 슛이 된 상태라면 2점.
- 볼이 3점 슛 지역에서 슛이 된 상태라면 3점의 득점을 인정한다.

위의 득점은 볼이 바스켓을 통과했을 때와 같이 인정된다.

31.3.3 마지막 혹은 한 개만의 프리 드로에서 수비팀 선수에 의해 바이얼레이션(31.2.2해당)이 일어났다면, 공격 팀에게 1득점을 인정한 후, 바이얼레이션을 범한 선수에게 테크니컬 파울의 벌칙을 준다.

제6장 파울 (FOULS)

제32조 파울 (Fouls)

32.1 정의 (Definition)

32.1.1 파울이란 상대팀 선수와 부당한 신체적 접촉을 일으키거나, 스포츠 정신에 위배되는 행위를 포함하는 규칙 위반을 말한다.

32.1.2 한 팀에게 몇 개의 파울을 선언할 수도 있으며, 이때에는 벌칙의 내용과 관계없이 파울을 범한 선수에게 각각의 파울을 기록하고, 규칙에 정해진 바에 따라 벌한다.

제33조 신체접촉 : 일반적인 원칙 (Contact : General principles)

33.1 실린더의 원칙 (Cylinder Principles)

실린더의 원칙은 선수가 차지하고 있는 플로어와 그 위의 공간을 포함하는 가상의 실린더 (원통)로 정해지며, 그 범위는 다음과 같다. :

- 앞은 두 손의 손바닥까지
- 뒤는 엉덩이의 끝까지
- 옆은 팔과 다리의 바깥 부분까지이다.

손과 팔은 몸통 앞으로 뻗을 수 있으나, 다리와 팔꿈치를 굽히고 팔뚝과 손을 위로 올린 자세보다 앞으로 나가지 않아야 하며, 양다리의 벌린 간격은 그의 키에 알맞은 정도 이어야 한다. (그림 5 참조)

33.2 수직의 원칙 (Principle of Verticality)

경기 중 코트 안에서 각 선수는 상대선수가 이미 차지하고 있지 않은 곳이면, 어느 곳 이라도 차지할 권리가 있다.(실린더)

이 원칙는 선수가 차지하고 있는 플로어와 그 위의 공간 그리고 그 공간 내에서 수직으로 점프할 때에 그 위의 공간까지를 보호받는다.

선수가 자신의 실린더를 벗어나 이미 자기의 위치(실린더)를 차지하고 있는 상대선수와 신체접촉을 일으켰다면, 실린더를 벗어난 선수에게 신체접촉의 책임이 있다.

수비선수가 자기 실린더 안에서 손이나 팔을 위로 뻗거나, 수직으로 위로 뛰어 오르는 것은 접촉이 일어나더라도 벌하지 말아야 한다.

공격선수는 플로어에 있든 공중에 있든 정당한 수비위치를 차지하고 있는 수비선수에게 다음과 같은 행동으로 신체접촉을 일으켜서는 안 된다 :

– 팔을 이용하여 자신이 더 많은 공간을 차지하려는 행위(밀어내는 것).

– 슛하는 동안이나 슛한 다음에 다리나 팔을 벌려 접촉을 유발하는 행위.

33.3 정당한 수비위치 (Legal Guarding Position)

수비선수가 최초의 정당한 수비위치를 차지했다는 것은 다음과 같은 때이다 :

– 상대선수와 얼굴을 마주하고 있으며,

– 두 다리는 플로어를 딛고 있는 것을 말한다.

정당한 수비위치는 플로어로부터 선수의 바로 위 천장에 이르는 수직으로 연장된 공간까지를 말한다. (실린더) 수비선수는 두 팔을 자신의 머리위로 뻗거나 수직으로 점프할 수 있으나, 가상의 실린더 안에서 수직의 위치를 유지해야 한다.

33.4 볼을 컨트롤하고 있는 선수에 대한 수비 (Guarding a play who controls the ball)

볼을 컨트롤하고 있는(잡고 있거나, 드리블하고 있는) 선수를 수비할 때에는 시간과 거리의 개념이 적용되지 않는다.

볼을 갖고 있는 선수는 수비 당할 것을 예상하여야 한다. 상대선수가 순간적으로 그의 앞에 정당한 수비위치를 잡을 때라도 스톱하거나, 방향을 바꿀 준비를 하여야 한다.

수비하는 선수는 그의 위치를 잡기 전에, 상대선수와의 신체접촉이 생기지 않도록 먼저 정당한 수비위치를 차지해야 한다.

일단 수비선수가 정당한 수비위치를 차지한 다음에는 상대선수를 수비하기 위해 움직일 수도 있다. 그러나 드리블러가 통과하려는 것을 팔, 어깨, 엉덩이 또는 다리를 벌려서 막으려 함으로서 접촉을 일으켜서는 안 된다.

볼을 갖고 있는 선수를 포함하여 블럭킹과 차징을 판정할 때에 심판은 다음의 원칙에 따라야 한다. :

– 수비선수는 볼을 갖고 있는 선수와 얼굴을 마주하고, 두 발을 플로어에 딛고 먼저 정당한 수비위치를 차지하고 있어야 한다.

– 수비선수는 당초의 정당한 수비자세대로 정지해 있을 수도 있고, 수직으로 점프하거나 또는 정당한 수비위치를 차지하기 위해 평행으로 또는 뒤로 움직일 수 있다.

– 당초의 정당한 수비위치를 유지하면서 평행 또는 뒤로 움직이는 동안 한 발 또는 두 발이 순간적으로 플로어에서 떨어질 수도 있다. 그러나 볼을 갖고 있는 선수를 향해 움직여서는 안 된다.

– 신체접촉이 몸통에 일어나도록 해야 한다. 신체접촉이 몸통에 일어나면 수

비선수가 먼저 정당한 위치를 차지했던 것으로 간주된다.

– 정당한 수비위치를 차지하고 있는 수비선수는 부상을 피하기 위해 자신의 실린더 내에서 몸을 돌릴 수도 있다.

위와 같은 상황에서 접촉이 일어났다면, 볼을 갖고 있는 선수가 파울을 범한 것으로 간주된다.

33.5 볼을 컨트롤하고 있지 않는 선수에 대한 수비 (Guarding a play who dose not controls the ball)

볼을 컨트롤하고 있지 않는 선수는 코트 안에서 자유롭게 움직일 수 있으며, 다른 선수가 차지하고 있지 않은 곳이면 어디든지 자리를 차지할 수 있다.

볼을 컨트롤하고 있지 않는 선수를 수비할 때에는 시간과 거리의 개념이 적용된다. 수비하는 선수는 움직이고 있는 상대팀 선수의 길에 정지하거나 방향을 바꿀 수 있는 충분한 시간과 거리를 두지 않고 가까이 또한 급하게 위치를 차지할 수 없다.

그 거리는 상대선수의 속도에 비례하며 정상적인 스텝으로 1보 이상 2보 이내이다.

만일 수비선수가 시간과 거리의 개념을 무시하고 수비위치를 차지하여 상대선수에게 접촉을 일으켰다면, 그 접촉에 대한 책임이 있다.

일단 수비선수가 정당한 수비위치를 차지했다면, 상대선수를 수비하기 위해 움직일 수 있으나, 팔, 어깨, 엉덩이 또는 다리를 뻗어 상대선수가 통과하려는 것을 방해하거나 ,상대선수에게 접촉을 일으켜서는 안 된다.

그러나 부상을 피하기 위해 자기 실린더 내에서 몸을 돌릴 수 있다.

33.6 공중에 있는 선수 (A play who is in air)

코트의 한 지점에서 공중으로 점프한 선수는 같은 지점에 다시 내려설 권리가 있다.

나른 시점에 내려실 수도 있으나, 점프한 지점과 내려설 지점사이의 일직선상과 내려설 지점에는 점프하는 시점에 이미 상대 선수가 위치를 차지하고 있지 않았어야 한다.

만일 점프했다가 내려선 선수가 점프한 여세로 그 지점에 정당한 수비위치를 차지하고 있는 상대선수에게 접촉을 일으켰다면, 그 접촉에 대한 책임은 점퍼에게 있다.

선수가 점프한 다음 상대팀 선수는 점퍼가 내려서는 길로 움직여 들어가서는 안 된다.

공중에 있는 선수의 밑으로 들어가서 접촉을 일으키는 것은 대체로 스포츠 정신에 위배되는 파울이며, 어떤 상황에서는 실격되는 파울일수도 있다.

33.7 스크린 : 정당한, 부당한 스크린 (Screen : Legal and illegal)

스크린이란 볼을 컨트롤하고 있지 않는 상대선수가 코트 안에서 원하는 곳으로 가려는 것을 못 가게 하거나 지연시키려고 할 때 일어난다.

정당한 스크린이란, 다음과 같이 상대선수를 스크린 하는 것이다. :

– 접촉이 일어날 때(자기 실린더 안에) 스크린한 선수가 정지해 있어야 하며,

– 접촉이 일어날 때 두 발을 플로어에 딛고 있는 것을 말한다.

부당한 스크린이란, 다음과 같이 상대선수를 스크린 하는 것이다. :

– 접촉이 일어날 때에 스크린한 선수가 움직이고 있었거나,

– 접촉이 일어날 때에 정지하고 있는 상대선수의 시야 밖에서 적당한 거리를 두지 않고 스크린을 하였거나,

– 접촉이 일어날 때에 움직이고 있는 상대선수에게 시간과 거리의 개념을 갖지 않았을 때이다.

정지하고 있는 선수의 시야 속에서(정면 또는 옆)스크린을 할 때에는 직접적인 접촉이 없는 한, 스크리너가 원하는 만큼 가까이에서 스크린을 할 수 있다.

정지하고 있는 선수의 시야 밖에서 스크린을 할 때에는 상대 팀 선수가 스크린하는 선수와 접촉이 없이, 정상적인 1보를 움직일 수 있도록 스크린의 위치를 잡아야 한다.

만일 상대선수가 움직이고 있다면, 시간과 거리의 개념을 적용하여야 한다.

스크린을 당한 선수가 정지하거나 방향을 바꾸어 스크린을 피할 수 있도록 충분한 간격을 두고 스크린을 해야 한다. 그 거리는 정상적인 1보 이상 2보 이내이다.

정당하게 스크린 당한 선수는, 스크린을 한 선수와의 사이에 일어나는 접촉에 대하여 책임이 있다.

33.8 차징 (Charging)

차징이란 볼을 가졌든 안 가졌든 상대선수의 몸통을 밀거나 부딪치는 신체 접촉이다.

33.9 블로킹 (Blocking)

블로킹이란 볼을 가졌든 안 가졌든 상대선수의 움직임을 저지시키는 부당한 신체접촉이다.

상대선수가 정지하고 있거나 물러서고 있을 때 움직이면서 스크린을 하려함으로써 접촉이 일어난다면, 스크리너의 블로킹 파울이다.

한 선수가 볼을 무시한 채 상대선수와 얼굴을 마주하고 상대의 움직임에 따라 움직였다면, '다른 사실이 없는 한'그로 인해 일어나는 모든 접촉에 대하여 책임이 있다.

다른 사실이 없는 한'이라는 말은 스크린 당한 선수가 고의로 푸싱, 차징, 홀딩을 범하는 것을 말한다.

선수가 코트 안에서 위치를 차지할 때, 팔이나 팔꿈치를 벌리는 것은 무방하나 상대 선수가 지나가려 할 때에는 팔이나 팔꿈치를 실린더 속으로 낮추어야 한다.

만일 팔이나 팔꿈치가 실린더를 벗어남으로서 접촉이 일어났다면, 그 선수가 블로킹, 홀딩 파울을 범한 것이 된다.

33.10 노차지 세미서클(반원) 구역 (No-charge semi-circle areas)

노차지 반원 구역은 바스켓 아래에서 일어나는 차지와 블록 상황의 이해를 돕기 위해 특별히 코트에 표시한 지역이다.

노차지 반원 구역 내에서 공격선수와 수비선수사이에 신체접촉이 예상되는 상황이라도 공격선수가 부당하게 손이나, 팔, 다리, 몸 등을 사용하지 않는한, 다음과 같은 때 수비선수와 신체접촉이 발생하드라도 공격자의 파울을 선언하지 않아야 한다.

– 공격선수가 공중에서 볼을 컨트롤하고 있고,

– 그 선수가 슛이나 패스를 시도하고,

– 수비선수의 두 다리가 노차지 반원 구역 안에 있을 때이다.

33.11 손이나 팔로 상대선수와 접촉을 일으키는 것 (Contacting an opponent with the hand(s) and/or arm(s)

손으로 상대선수를 터치하는 것 그 자체가 반드시 파울이라고는 할 수 없나.

심판은 손으로 접촉을 일으킨 선수에게 유리했는지를 판정해야 한다. 만일 접촉을 일으긴 깃이 상대선수의 움직임에 방해를 했다면 이러한 접촉은 파울이다.

• 볼의 소유와 관계없이 상대선수를 수비하면서 손 또는 팔을 뻗어 접촉을 하거나, 접촉을 하고 있음으로써 상대선수의 움직임을 방해했다면, 부당한 손의 사용이다.

볼의 소유와 관계없이 상대선수에게 터치나'잽'을 반복하는 것은 경기를 거칠게 하므로 파울로 간주한다.

볼을 갖고 있는 공격선수가 다음과 같이 접촉을 일으키는 것은 파울이다 :

– 자신이 유리해지기 위하여, 팔 또는 팔꿈치를 사용하여 상대 수비선수를 휘

감거나 감싸는 것.

– 볼을 플레이하려는 수비선수를 저지시키거나, 자신이 더 많은 공간을 차지하기 위해 밀어내는 것.

– 드리블 하면서, 손이나 팔을 뻗어 볼을 빼앗으려는 상대선수를 방해하는 것.

볼을 갖고 있지 않은 공격선수가 다음과 같은 이유로 상대선수를 밀어내는 것은 파울이다 :

– 자유롭게 볼을 받기 위해.

– 수비선수의 정당한 플레이나, 볼을 플레이하려는 것을 막기 위해.

– 자신과 수비선수 사이에 더 많은 공간을 만들기 위해.

33.12 포스트 플레이 (Post play)

수직의 원칙은 포스트 플레이에도 적용된다.

포스트 위치에 있는 공격선수와 그를 수비하는 선수는 서로 상대방의 수직 상의 권리를 지켜주어야 한다.

포스트 위치에 있는 공격이나 수비선수가 어깨나 엉덩이로 상대 선수를 그 위치에서 밀어내거나, 팔, 무릎, 엉덩이, 다리 또는 몸의 어느 부분으로든지 상대선수의 자유로운 움직임을 방해하는 것은 파울이다.

33.13 뒤에서 하는 부당한 수비 (Illegal guarding from the rear)

뒤에서 하는 부당한 수비란 수비하는 선수가 상대선수의 뒤에서 신체접촉을 일으키는 것이다. 뒤에서 수비하는 선수가 볼을 플레이하려 했다는 사실만 으로 상대선수에게 접촉을 일으킨 것은 정당하다고 할 수 없다.

33.14 홀딩 (Holding)

홀딩이랑 상대선수의 자유로운 행동을 저지하는 신체접촉이며, 몸의 어느 부분으로든지 이 접촉을 일으킬 수 있다.

33.15 푸싱 (Pushing)

푸싱이란 볼의 컨트롤 여부와 관계없이 선수가 몸의 어느 부분으로든지 상대선수를 억지로 밀거나, 밀어 내려함으로써 일으키는 신체접촉이다.

제34조 퍼스널 파울 (Personal foul)

34.1 정의 (Definition)

34.1.1 퍼스널 파울이란, 볼이 라이브 상태든 데드 상태든 관계없이 상대 팀 선수와 부당한 신체 접촉을 일으키는 선수의 파울을 말한다.

선수는 팔, 팔꿈치, 어깨, 엉덩이, 발, 무릎, 다리 또는 비정상적으로 몸을 굽히거나 (실린더 밖으로) 손을 뻗어 상대팀 선수의 진로를 방해함으로서 홀딩, 블럭킹, 푸싱, 차징, 트리핑 등을 해서는 안 되며 또한 거칠고 격렬한 플레이를 하여도 안 된다.

34.2 벌칙 (Penalty)

파울을 범한 선수에게 1개의 퍼스널 파울이 기록된다.

34.2.1 슛 동작 중에 있지 않은 선수에게 파울을 범했으면 :

– 파울이 일어난 곳으로부터 가장 가까운 경계선 밖에서 반대 팀의 드로 인으로 경기는 계속된다.

– 파울을 범한 팀이 팀 파울 벌칙에 해당되면, 규칙 제41조(팀 파울 : 벌칙)가 적용된다.

34.2.2 슛 동작 중에 있는 선수에게 파울을 범했으면, 다음과 같이 프리 드로를 준다. :

– 필드 골 지역에서 슛이 성공되었으면, 득점으로 하고 1개의 프리 드로를 추가로 준다.

– 2점 슛 지역에서의 슛이 성공되지 않았으면, 2개.

– 3점 슛 지역에서의 슛이 성공되지 않았으면, 3개.

– 볼이 아직 선수의 손에서 떠나지 않은 상태에서 피리어드 또는 연장전이 끝나는 경기시계의 신호가 울렸거나, 24초시계의 신호가 울렸다면, 그 후에 성공된 필드 골은 득점으로 하지 않으며, 파울이 발생한 지역에 따라 2개 또는 3개의 프리 드로를 준다.

제35조 더블 파울 (Double foul)

35.1 정의 (Definition)

더블 파울이란, 2명의 상대적인 선수가 거의 동시에 서로 파울을 범하는 것을 말한다.

35.2 벌칙 (Penalty)

파울을 범한 선수들에게 1개씩의 퍼스널 파울을 기록하고, 프리 드로는 주지 않으며 경기는 다음과 같이 계속된다. :

만일 더블 파울이 선언되는 것과 거의 동시에

– 필드 골이나 마지막 또는 하나만의 프리 드로가 득점이 되었다면, 득점한 반대 팀이 엔드 라인 밖으로부터의 드로 인으로,

– 한 팀이 볼을 컨트롤하고 있었거나, 볼의 소유권을 갖고 있었다면, 파울이 일어난 지점으로부터 가장 가까운 경계선 밖에서 그 팀의 드로 인으로,

– 어느 팀도 볼을 컨트롤하고 있지 않았거나, 볼의 소유권을 갖고 있지 않았다면, 점프 볼의 상황이 된다.

제36조 스포츠정신에 위배되는 파울 (Unsportsmanlike foul)

36.1 정의 (Definition)

36.1.1 스포츠정신에 위배되는 파울이란, 심판이 판단하기에 규칙의 정신과 의도를 벗어나 직접 볼을 플레이하려는 정당한 의도가 없는 퍼스널 파울을 말한다.

36.1.2 스포츠정신에 위배되는 파울은, 전 경기에 걸쳐 일관성 있게 적용되어야 하며. 심판은 오직 행동에 대해서만 판정해야한다.

36.1.3 심판들은 파울이 스포츠 정신에 위배되는 파울인지 아닌지를 다음의 원칙에 따라 판정해야 한다. :

– 만일 선수가 접촉을 일으켰을 때 볼을 플레이하려는 노력을 하지 않았다면, 그것은 스포츠정신에 위배되는 파울이다.

– 만일 선수가 볼을 플레이하려고 노력하는 중에라도 과격한 신체접촉(심한 파울)을 일으켰다면, 스포츠정신에 위배되는 것으로 간주하여야 한다.

– 공격자와 상대 바스켓 사이에 수비선수가 없는 속공 상황에서, 수비선수가 속공을 저지하기 위해 공격자의 뒤 혹은 측면에서 접촉을 일으키면, 이는 스포츠 정신에 위배되는 파울이다,

– 만일 선수가 볼을 플레이하려는 정당한 노력을 하면서(정상적인 농구의 플레이) 파울을 범했다면 그것은 스포츠정신에 위배되는 파울이 아니다.

36.2 벌칙 (Penalty)

36.2.1 파울을 범한 선수에게 1개의 스포츠정신에 위배되는 파울을 기록한다.

36.2.2 파울을 당한 선수에게 규정에 따라 프리 드로를 준 다음 :

– 기록석 반대편의 센터 라인 밖에서 드로 인을 하거나,

– 센터 서클에서의 점프 볼로 첫 번째 피리어드를 시작한다.

주어야 할 프리 드로의 수는 다음과 같다.

– 슛 동작 중에 있지 않은 선수에게 파울을 범했으면, 프리 드로 2개,

– 슛 동작 중에 있는 선수에게 파울을 범했고, 골이 성공 되었으면, 득점으로 인정하고, 추가로 프리 드로 1개.

– 슛 동작 중에 있는 선수에게 파울을 범했고, 골이 성공되지 않았으면, 2개 또는 3개의 프리 드로를 준다.

36.2.3 스포츠정신에 위배되는 파울 2개를 범하는 선수는 실격 당한다.

36.2.4 규칙 36.2.3에 의하여 선수가 실격 당했을 때, 스포츠 정신에 위배되는 파울만으로 벌하고, 실격으로 인한 추가의 벌칙은 시행하지 않는다.

제37조 실격되는 파울 (Disqualifying foul)

37.1 정의 (Definition)

37.1.1 선수, 교대 선수, 경기에서 물러난 선수들, 코치, 어시스턴트 코치 또는 팀관계자가 범하는 정도에 지나치게(극심하게) 스포츠정신에 위배되는 모든 행위는 실격되는 파울이 된다.

37.1.2 코치가 실격되는 파울을 선언 당하면, 스코어 시트에 기재된 어시스턴트 코치가 코치를 대행해야 하며, 어시스턴트 코치가 스코어시트에 기재되어 있지 않으면, 주장이 대행해야 한다.

37.2 벌칙 (Penalty)

37.2.1 파울을 범한 사람에게 1개의 실격되는 파울이 기록된다.

37.2.2 이 조항의 규정에 의하여 실격되는 파울을 범한 사람은 경기에서 퇴장 당하며, 남은 경기 중 자기 팀 대기실에 있어야 하며, 본인이 원하면 경기장 건물을 떠날 수도 있다.

37.2.3 다음과 같이 프리 드로를 주어야 한다. :

– 신체접촉이 없었던 파울에 대하여는 코치가 지명하는 반대 팀의 임의의 선수에게,

신체접촉이 있었던 파울에 대하여는 파울을 당한 선수에게,

그리고 이어서 :

– 기록석의 반대쪽 센터 라인 밖에서 드로 인 또는,

– 센터 서클에서의 점프 볼로 1피리어드를 시작한다.

37.2.4 주어야 할 프리 드로의 수는 다음과 같다.

– 슛 동작 중에 있지 않은 선수에게 파울을 범했을 때에는, 2개의 프리 드로를,

– 슛 동작 중에 있는 선수에게 파울을 범했을 때, 골이 성공되었으면, 득점으로 인정하고 추가로 1개의 프리 드로를,

– 슛 동작 중에 있는 선수에게 파울을 범했고, 골이 성공되지 않았을 때에는 2개 또는 3개의 프리 드로를 준다.

제38조 테크니컬 파울 (Technical Foul)

38.1 경기 참가자들에 대한 행동지침 (Rules of Conduct)

38.1.1 경기의 원활한 운영은 양 팀의 구성원(선수들, 교대 선수들, 경기에서 물러난 선수들, 코치, 어시스턴트 코치와 팀 관계자들)과 더불어 심판들, 테이블오피셜들, 그리고 커미셔너의 전폭적인 협조를 필요로 한다.

38.1.2 각 팀은 승리를 위하여 최선을 다해야 하나, 그것은 스포츠맨 정신과 페어플레이 정신에 의해야 한다.

38.1.3 규칙의 정신에 반하여 고의로 또는 되풀이해서 비협조적이거나, 불복하는 행위는 T. 파울로 간주된다.

38.1.4 심판은 절차상의 문제와 같은 대수롭지 않은 위반에 대하여 확실히 고의성이 없거나, 직접 경기에 영향을 미치지 않는 것은 경고한 후에도 위반을 되풀이하지 않는 한 너그럽게 보아 넘기거나, 팀 멤버들에게 경고를 함으로써T. 파울을 예방할 수도 있다.

38.1.5 볼이 라이브된 다음 규칙 위반을 발견했다면, 경기는 중단되고 T.파울이 주어진다.

벌칙은 T. 파울이 기록될 때에 규칙 위반이 발생한 것처럼 적용된다. T. 파울과 경기가 중단되기까지의 사이에 일어난 모든 것은 유효하다.

38.2. 난폭한 행위 (Violence)

38.2.1 경기 중 스포츠맨 정신과 페어플레이 정신에 반하여 난폭한 행위가 일어날 때, 심판들은 즉시 이를 중단시켜야 하며, 필요하다면 질서유지 담당자들의 책임 하에 중단시켜야 한다.

38.2.2 경기장 또는 그 주변에서 선수들 또는 교대 선수들, 경기에서 물러난 선수들, 코치, 어시스턴트 코치, 그리고 팀 관계자들 사이에 난폭한 행위가 일어났다면, 심판은 그들을 저지할 필요한 조치를 취해야 한다.

38.2.3 위에 말한 사람들이 상대 선수나 심판에게 폭행(심한 공격적 행동) 등을 한다면, 즉시 경기에서 실격되며, 주심은 대회 주최 측에 발생한 내용을 보고하여야 한다.

38.2.4 질서유지 담당자들은 심판이 코트 안으로 들어오도록 요청할 때에만

들어갈 수 있다. 그러나 관중이 난폭한 행위를 하려고 코트에 들어왔다면, 질서유지 담당자들은 팀들과 심판들을 보호하기 위해 즉시 이들을 저지시켜야 한다.

38.2.5 출입구, 비상구, 복도, 대기실 등을 포함하는 모든 나머지 구역은 대회 주최 측과 질서유지 담당자들의 관리 하에 질서를 유지시킬 책임이 있다.

38.2.6 선수, 교대선수, 경기에서 물러난 선수, 코치, 어시스턴트 코치 및 팀 관계자들이 경기시설물을 파괴할 수도 있는 행동을 한다면, 심판들은 이러한 행동을 용납해서는 안 된다.

심판들은 이러한 행동을 발견하면, 그 팀 코치에게 경고하여야 한다. 이러한 행위가 되풀이 되면, 관련된 사람에게는 즉시 T. 파울을 주어야 한다.

38.3 정의 (Definition)

38.3.1 선수의 T. 파울이란 상대팀 선수와 신체 접촉이 없는 선수의 파울를 말하지만, 다음과 같은 행동에만 국한되는 것은 아니다 :

- 선수가 심판의 경고를 무시하는 행위.
- 심판, 커미셔너, 테이블 오피셜 또는 상대팀 벤치에 있는 사람의 몸을 무례하게 건드리는 행위.
- 심판, 커미셔너, 테이블 오피셜 또는 상대팀 선수에게 무례하게 말을 하는 행위.
- 관중들에게 공격적이거나 자극적인 제스쳐를 취하거나 말을 하는 행위.
- 상대를 괴롭히는 행위를 하기나, 눈 가까이 손을 흔들어 상대선수의 시야를 가리는 행위.
- 지나치게 팔꿈치를 휘두르는 행위.
- 바스켓을 통과한 볼을 의도적으로 건드리거나, 곧바로 시행하려는 드로인을 방해하여 경기를 지연시키는 행위.
- 속이기 위해 파울인 척 넘어지는 행위.
- 선수가 체중이 실리도록 링에 매달리는 행위.

다만 덩크 슛을 한 동작으로 잠시 링을 잡거나, 심판이 판단하기에 자신과 다른 선수의 부상을 피하기 위해 링에 매달리는 행위는 제외한다.

- 수비선수가 마지막 또는 하나만의 프리 드로에 있어서 골 텐딩을 범했다면, 프리 드로의 득점(1점)을 인정하고, 터치한 그 수비선수에게

T. 파울을 주어 벌한다.

38.3.2 코치, 어시스턴트 코치, 교대선수, 경기에서 물러난 선수들 또는 팀 관계자들의 T. 파울은 심판들이나 커미셔너, 테이블 오피셜, 상대 팀에게 무례하게 말을 하거나, 몸을 건드렸을 때, 혹은 절차상이나 행정상 위반을 했을 때에 선언된다.

38.3.3 다음과 같은 때 코치는 실격된다.

- 코치 자신이 스포츠 정신에 위배되는 행위로 인하여 2개의 T. 파울이 (c) 기록되었을 때.
- 팀 벤치에 있는 어시스턴트 코치, 교대선수, 경기에서 물러난 선수들, 팀 관계자들의 스포츠 정신에 위배되는 행위로 인하여, 3개의 T. 파울이 기록되었거나(B) 합쳐서 3개의 T파울 중 1개가 코치자신에게(C) 기록 되었을 때.

38.3.4 규칙 38.3.3에 의하여 코치가 실격되었을 때, 벌칙은 그 T. 파울에 대하여만 적용되며 실격에 대한 추가의 벌칙은 적용하지 않는다.

38.4 벌칙 (Penalty)

38.4.1 T. 파울이 선언되었을 때 :

- 선수에 의한 T. 파울은 그 선수의 파울로 기록하며, 개인 및 팀 파울에 가산된다.
- 코치(C), 또는 어시스턴트 코치(B), 교대 선수(B), 경기에서 물러난 선수들(B), 팀 관계자(B)에 의한 T. 파울은, 코치에게 1개씩의 T. 파울을 기록하며, 팀 파울에는 가산되지 않는다.

38.4.2 상대 팀에게 2개의 프리 드로를 준 다음 :

- 기록석 반대편의 센터 라인 밖에서 드로 인을 하거나,
- 센터 서클에서의 점프 볼로 첫 번째 피리어드를 시작한다.

제39조 싸움 (Fighting)

39.1 정의 (Definition)

싸움이란, 상대적인 2명 또는 그 이상의 사람들이 신체적 충돌을 일으키는 것을 말한다(선수, 교대 선수, 경기에서 물러난 선수들, 코치, 어시스턴트 코치, 그리고 팀 관계자들 등).

이 조항은, 싸우고 있거나, 싸움이 일어날 수 있는 상황에서 팀 벤치구역을 벗어나는 코치, 어시스턴트 코치, 교대 선수, 경기에서 물러난 선수들 또는 팀 관계자들에게만 적용되는 규정이다.

39.2 규칙의 적용 (Rule)

39.2.1 싸우고 있거나 싸움이 일어날 수 있는 상황에서 팀 벤치구역을 벗어나는 교대선수나 경기에서 물러난 선수들, 팀 관계자들은 실격된다.

39.2.2 싸우고 있거나, 싸움이 일어날 수 있는 상황에서 코치와 어시스턴트 코치만이 질서 유지와 심판들을 돕기 위해 팀 벤치구역을 벗어날 수 있다. 이 상황에서는 코치, 어시스턴트 코치는 실격되지 아니한다.

39.2.3 만일 코치나 어시스턴트 코치가 팀 벤치구역을 벗어나서 질서유지와 심판들을 도우려 하지 않을 때에는 그들은 실격된다.

39.3 벌칙 (Penalty)

39.3.1 팀 벤치구역을 벗어나 실격된 코치나 교대 선수들, 경기에서 물러난 선수들, 팀 관계자들의 수에 상관없이, 코치에 대해 1개의 T. 파울(B)만이 주어진다.

39.3.2 이 조항에 의해 양 팀의 선수들이 실격되고 다른 파울의 벌칙이 남아 있지 않다면, 경기는 다음과 같이 계속 된다 :

만일 싸움으로 인하여 경기가 중단되는 것과 거의 동시에 :

– 필드 골이 성공되었다면, 득점한 반대 팀에게 볼을 주어 엔드 라인 밖에서 드로 인.

– 한 팀이 볼을 컨트롤 하고 있었거나 볼에 대한 소유권이 있었을 때, 볼은 그 팀에게 주어 기록석 반대편의 센터 라인 밖에서 드로 인.

– 양 팀 모두 볼을 컨트롤 하고 있지 않았거나, 볼에 대한 소유권이 없을 때에는 점프 볼의 상황이 된다.

39.3.3 모든 실격되는 파울들은 B.8.3과 같이 기록되며, 팀 파울에 가산하지 않는다.

39.3.4 코트 내에서 싸움이 일어나려 하거나, 싸움에 관련된 선수들의 파울에 대한 벌칙들은 제42조(특수한 상황)에 따라서 처리된다.

제7장 파울의 처리에 대한 일반적인 규정 (GENERAL PROVISIONS)

제40조 선수의 5반칙 (Five fouls by a player)

40.1 한 선수가 퍼스널 파울이나 T. 파울을 5회째 범했을 때에는 심판이 통보하는 즉시 경기에서 물러나야 하며, 30초 이내에 교체 되어야 한다.

40.2 앞서 5반칙을 범한 선수가 또 범하는 파울은 경기에서 물러난 선수의 파울

로서 코치에게 주어지며, 스코어 시트 상에'B'로 기록한다.

제41조 팀 파울 : 벌칙 (Team fouls : Penalty)

41.1 정의 (Definition)

41.1.1 한 개의 피리어드에서 팀이 파울을 4개를 범했을 때, 그 팀은 팀 파울 벌칙 상태에 있게 된다.

41.1.2 휴식기간 중에 일어나는 모든 팀 파울들은 다음 피리어드나 다음 연장전의 일부로 간주된다.

41.1.3 모든 연장전에 일어나는 팀 파울들은,4피리어드의 일부로 간주한다.

41.2 규칙의 적용 (Rule)

41.2.1 한 팀이 팀 파울 벌칙상태에 있을 때 그로부터 슛 동작 중에 있지 않은 선수에게 범하는 모든 퍼스널 파울에 대하여는 드로 인을 하는 볼의 소유권 대신 2개의 프리 드로가 주어진다.

41.2.2 만일 볼을 컨트롤하고 있는 팀의 선수 또는 드로 인 할 권리가 있는 팀에서 퍼스널 파울을 범했다면, 이러한 파울에 대하여는 상대 팀에게 드로 인을 주어 벌한다.

제42조 특별한 상황 (Special situations)

42.1 정의 (Definition)

파울이나 바이얼레이션으로 인하여, 경기시계가 멈춰 있는 같은 기간 중에 또 다른 파울들이 발생 한다면, 특수한 상황이 발생할 수 있다.

42.2 절차 (Procedure)

42.2.1 모든 파울들을 기록하고, 모든 벌칙들을 확인한다.

42.2.2 모든 파울들이 일어난 순서를 결정한다.

42.2.3 두 팀에게 주어질 동등한 모든 벌칙과 더블 파울의 벌칙들을 선언된 순서에 따라 상쇄한다. 일단 상쇄한 벌칙들은 일어나지 않았던 것으로 간주한다.

42.2.4 마지막 벌칙의 일부인 볼의 소유권은, 앞의 벌칙에 따른 볼의 소유권과 상쇄 한다.

42.2.5 일단 첫 번째나 하나만의 프리 드로 또는 드로 인에 있어서 볼이 라이브가 된 다음에는 그 벌칙과 남아있는 다른 벌칙은 상쇄 할 수 없다.

42.2.6 남아있는 모든 벌칙들은 선언된 순서대로 집행한다.

42.2.7 만일 양 팀에게 동등한 벌칙들을 상쇄하고 난 다음에, 더 이상 집행할 벌칙이 남지 않았을 때 경기는 다음과 같이 계속 된다.

만일 첫 번째 규칙 위반과 동시에 :

– 필드 골이 거의 비슷한 시간에 성공되었다면, 볼은 득점한 반대 팀에게 주어 엔드 라인 밖에서 드로 인으로

– 한 팀이 볼을 컨트롤 하고 있었거나 소유권을 갖고 있었다면, 볼은 그 팀에게 주어지며, 첫 번째 규칙위반이 일어난 곳으로부터 가장 가까운 경계선 밖에서 드로 인으로

– 어느 팀도 볼을 컨트롤 하고 있지 않았거나, 소유권을 갖고 있지 않았다면, 점프 볼의 상황이 된다.

제43조 프리 드로 (Free throws)

43.1 정의 (Definition)

43.1.1 프리 드로란 한 선수에게 프리 드로 라인 뒤의 반원 내에서 아무런 방해 없이 1점을 득점할 수 있도록 기회를 주는 것이다.

43.1.2 하나의 프리 드로 세트란, 하나의 파울에 대한 벌칙으로 주어지는 프리 드로 들과 다음으로 이어지는 볼의 소유권을 갖는 것을 말한다.

43.2 규칙의 적용 (Rule)

43.2.1 퍼스널 파울이 선언되어 벌칙으로 프리 드로가 주어질 때

– 파울당한 선수가 프리 드로를 하여야한다.

– 파울당한 선수를 교체하고자 요청을 하였다면, 그 선수는 프리 드로를 마치고 경기에서 물러나야 한다.

– 만일 프리 드로를 하도록 지명된 선수가 부상이나 5반칙 또는 실격되었다면, 그와 교체한 선수가 프리 드로를 하여야 한다. 만일 교체할 선수가 없다면, 코치가 지명하는 선수가 프리 드로를 하여야 한다.

43.2.2 T. 파울이 선언되었을 때에는 코치가 지명하는 반대 팀의 어느 선수든지 프리 드로를 할 수 있다.

43.2.3 프리 드로 슈터는 :

– 프리 드로 라인의 뒤 반원 안에 위치를 잡아야 한다.

– 프리 드로는 어떤 방법으로 해도 무방하나, 볼이 바스켓 위로부터 들어가거나 링에 터치되도록 해야 한다.

– 심판이 볼을 핸딩 해준 다음 5초 이내에 던져야 한다.

– 볼이 바스켓으로 들어가거나 링에 터치되기 전에 프리 드로 라인을 밟거나, 넘어가지 말아야한다. (제한구역 안으로 들어가지 말아야 한다.)

– 프리 드로를 하는 척 해서는 안 된다.

43.2.4 프리 드로 시행시 레인에 배열하는 선수는 지정된 장소에 엇갈려 설 수 있으며, 그 자리의 깊이는 1m 정도이다.

프리 드로를 시행하는 동안 레인에 서있는 선수들은 다음과 같은 행동을 해서는 안 된다.

– 차지해서는 안 될 레인의 위치를 차지하는 것.

– 프리 드로 슈터의 손에서 볼이 떠나기까지 제한구역 또는 중립지역으로 들어가거나, 레인의 자리에서 벗어나는 것.

– 프리 드로 슈터를 행동으로 혼란하게 하는 것.

43.2.5 프리 드로 레인에 서지 않는 나머지 선수들은 프리 드로를 마칠 때까지 프리 드로 라인의 연장선상 3점 슛 라인 밖에 머물러 있어야 한다.

43.2.6 프리 드로를 시행하는 동안 또 다른 프리 드로 세트나 드로 인이 이어진다면, 모든 선수는 프리 드로 라인 연장선과 3점 슛 라인 뒤에 머물러 있어야한다.

규칙 제 43.2.3, 43.2.4, 43.2.5 또는 43.2.6 조항을 위반하는 것은 바이얼레이션이다.

43.3 벌칙 (Penalty)

43.3.1 만일 프리 드로 슈터가 바이얼레이션을 범했다면, 골이 성공되어도 득점으로 인정하지 않는다.

만일 더 이상 시행할 프리 드로나 소유권을 시행할 벌칙이 없다면, 볼은 상대팀에게 주어 프리 드로 라인 연장선의 경계선 밖에서 드로 인 시킨다.

43.3.2 만일 프리 드로가 성공되고, 프리 드로 슈터이외의 다른 선수(들)가 바이얼레이션을 범했다면 :

– 골이 성공되었으면 득점으로 인정된다.

– 바이얼레이션은 무시된다.

마지막 또는 하나만의 프리 드로 상황이라면, 볼은 상대 팀에게 주어져 엔드라인 밖에서 드로 인으로 경기를 계속한다.

43.3.3 만일 프리 드로가 성공되지 않았고 다음과 같이 바이얼레이션이 일어났다면 :

- 만일 프리 드로 슈터와 같은 팀의 선수가 마지막 또는 하나만의 프리 드로에서 바이얼레이션을 범했다면, 이어지는 소유권이 없는 한 볼은 반대 팀에게 주어져 프리 드로 라인 연장선 상 경계선 밖에서 드로 인으로
- 만일 프리 드로 슈터의 반대 팀이 바이얼레이션을 범했다면, 프리 드로 슈터에게 다시 프리 드로를
- 마지막 혹은 하나만의 프리 드로에 있어서 양 팀이 바이얼레이션을 범했다면, 점프 볼의 상황으로 경기는 계속된다.

제44조 실수의 정정 (Correctable errors)

44.1 정의 (Definition)

규칙의 적용을 소홀히 하여 실수가 발생하였을 경우, 다음과 같은 상황이 되었을 때에만 심판은 실수를 정정할 수 있다.

- 주어서는 안 될 프리 드로를 주었을 때.
- 주어야 할 프리 드로를 주지 않았을 때.
- 잘못된 득점을 인정했거나, 득점을 취소 할 때.
- 지명되지 않은 선수에게 프리 드로를 주었을 때이다.

44.2 일반적 절차 (General Procedure)

44.2.1 위의 실수들이 발생하고 나서 볼이 라이브가 되어 경기시계가 움직이기 시작한 다음 첫 번째 데드 볼이 되고 다시 볼이 라이브로 되기 전에 심판, 커미셔너, 테이블 오피셜들이 발견해야만 실수를 정정할 수 있다.

44.2.2 심판이 실수를 알아차렸다면, 어느 팀에게도 불리하지 않는 한, 즉시 경기를 중단 시킬 수 있다.

44.2.3 실수가 발견되기 전에 이루어진 득점, 경과한 시간, 파울 등 그 밖의 진행된 모든 것은 유효하다.

44.2.4 실수가 정정된 다음, 규칙에 별도로 정해진 바가 없는 한, 경기는 실수가 알려져 경기를 중단시킨 지점으로부터 다시 경기를 재개한다, 볼은 실수를 정정하기 위해 경기를 중단 시켰을 때 볼의 소유권을 갖고 있던 팀에게 주어 경기를 계속한다.

44.2.5 일단 아직 정정할 수 있는 실수가 발견된 다음 :

- 실수의 정정과 관련되어 프리 드로를 해야 할 선수가 정당하게 교체되어, 팀 벤치에 있다면(실격 또는 5반칙이 아닌 교체) 그 선수는 코트에 다시 들어와 실수를 정정하는 프리 드로를 해야 한다.(이 시점에서

그는 교대선수가 아닌 선수로 된다)

실수를 정정한 다음 그 선수는 다시 교체 요청을 한다면, 선수로 되어 경기에 남아 있을 수 있으며, 교체를 원하지 않는다면 코트를 떠날 수도 있다.

– 만일 실수를 정정해야 할 선수가(프리 드로를 해야 할 선수) 부상 또는 실격되었거나, 5반칙으로 코트에서 물러났다면, 그와 교체된 선수가 실수를 정정하는 프리 드로를 시행해야 한다.

44.2.6 주심이 경기 종료 후 스코어 시트에 서명한 다음에는 실수는 정정할 수 없다.

44.2.7 득점을 포함하여 파울 수, 타임아웃 횟수, 또는 시계를 늦게 멈추거나, 시동을 안 시키는 등 기록원 또는 계시원의 실수나 스코어 기록의 실수 등은 주심이 스코어 시트에 서명하기 전이면 심판들이 언제든지 정정할 수 있다.

44.3 특별한 절차 (Special Procedure)

44.3.1 주어서는 안 될 프리 드로를 주었을 때,

실수로 주어진 프리 드로는 취소되며 경기는 다음과 같이 계속된다.

– 만일 경기시계가 시동되지 않았다면, 프리 드로를 취소당한 팀에게 볼을 주어 프리 드로 라인 연장선상 경계선 밖에서 드로 인으로,

– 만일 경기시계가 시동 되었다면 :

• 실수가 알려졌을 때 볼을 컨트롤하고 있었거나, 볼의 소유권을 갖고 있던 팀과 실수 발생시 볼을 컨트롤 하고 있던 팀이 같다면,

• 실수가 알려졌을 때 어느 팀도 볼을 컨트롤하고 있지 않았다면, 실수가 발생했을 때 볼의 소유권을 갖고 있던 팀에게 볼이 주어진다.

– 만일 경기시계가 시동되고 나서 실수를 알아차렸고, 그 시점에 볼을 컨트롤하고 있거나, 볼의 소유권을 갖고 있는 팀이 실수가 발생했을 때 볼을 컨트롤하던 반대 팀이라면 점프 볼의 상황이 된다,

– 만일 경기시계가 시동되고 나서 실수가 알려졌고, 프리 드로를 주어야 하는 파울이 발생했다면, 프리 드로를 마치고 실수가 발생했을 때 볼을 컨트롤하던 팀에게 볼이 주어진다.

44.3.2 주어야 할 프리 드로를 주지 않았을 때.

– 만일 실수가 발생한 후 볼의 소유권이 바뀌지 않았다면, 정상적인 프리드로를 주어 실수를 정정한다.

만일 실수로 볼의 소유권을 주어, 드로 인을 한 팀이 득점을 한 후에 실수를 발견 했다면, 실수는 무시된다.

44.3.3 지명되지 않은 선수에게 프리 드로를 주었을 때.

시행한 프리 드로와 벌칙의 일부인 볼의 소유권은 취소되며, 다른 규칙 위반에 대한 벌칙이 없는 한, 반대 팀에게 볼을 주어 프리 드로 라인 연장선상 경계선 밖에서 드로 인 시킨다.

부록 3

세계의 농구

1. 세계의 농구관련 기관

국제농구연맹

세계 농구의 운영을 관장하는 국제 단체이다. 최초의 조직 명칭이 Fédération Internationale de Basketball Amateur이었기 때문에 FIBA라는 약칭으로 불리게 되었으나, 1989년 Amateur라는 단어를 명칭에서 제외하였다. 그러나 농구를 의미하는 영어 단어가 basketball로 시작된다는 점으로 인해 기존의 FIBA라는 약칭은 그대로 유지되었다.

국제 농구 연맹은 국제 농구 규정을 정의하는 역할을 맡고 있다. 이 규정에는 농구 경기에 사용되는 장비 및 시설 관련 규정, 경기에 참가하는 선수의 해외 이동에 관한 규정, 그리고 국제 심판을 배정하는 방식에 대한 규정 등이 포함되어 있다. 1989년 5개 지역별 위원회가 구성되었으며, 2010년 현재 총 213개국의 회원국을 보유하고 있다. 5개 지역별 위원회는 FIBA 아시아, FIBA 아메리카, FIBA 아프리카, FIBA 오세아니아, 그리고 FIBA 유럽으로 구성된다.

국제 농구 연맹은 4년마다 남자 농구 국가 대항전인 FIBA 세계 선수권 대회를 개최한다. 이에 상응하는 여자 대회로 FIBA 여자 세계 선수권 대회가 있으며, 역시 4년마다 개최된다. 남자 대회와 여자 대회는 같은 해에 개최되지만 개최 국가는 서로 다르다. 이 대회의 우승팀에게는 네이스미스 트로피(Naismith Trophy)가 수여되는데, 이 트로피의 이름은 농구의 창시자인 제임스 네이스미스에게서 따온 것이다. 이 우승컵은 1967년 대회에서 우승한 우루과이에게 최초로 수여되었다. 세계 농구 선수권 대회의 운영 방식은 약간의 차이는 있으나 FIFA 월드컵과 유사하다. 이들 대회는 1970년 이래로 항상 같은 해에 개최되어 오고 있다.

2009년 국제 농구 연맹은 3개의 새로운 국제 대회의 창설을 발표하였다. 이에 따라 최초의 12세 이하 세계 선수권 대회 및 17세 이하 세계 선수권 대회(각각 남녀 대회를 모두 포함)가 2010년 7월에 개최되었다.

FIBA 아시아

FIBA 아시아는 1960년도에 설립되어 한국, 이란, 필리핀 등의 40개국으로 이루어져 있고, 연맹본부는 레바논 베이루트에 위치해있다.

– 대한농구협회

아마추어 농구 경기를 주관하는 대한체육회 가맹 경기단체다. 농구는 1903년 창립된 황성기독교청년회의 초대총무였던 질레트에 의해 처음으로 소개돼 한국농구는 100년이 넘는 역사를 갖고 있다. 1925년 9월 조선바스켓볼협회가 결성되나 곧 유명무실하게 되고 1931년 4월 조선농구협회가 출범한다. 1936년 제11회 베를린 올림픽에 일본선수단의 일원으로 3명의 한국인이 포함된 것으로 미루어 볼 때 당시 한국농구 수준이 낮지 않았음을 미루어 짐작할 수 있다.

광복 후 1945년 12월 조선농구협회가 새로 창립됐고 1946년 9월 대한체육회에, 1947년 6월 국제아마추어농구연맹(FIBA)에 가입하였고, 1983년 12월 한국농구의 중흥을 목표로 출범한 점보시리즈(1984년 이후 농구대잔치로 명칭 변경)는 수많은 팬들로 호황을 누려 농구가 겨울 스포츠로 확고히 자리잡는 데 큰 역할을 했다. 1996년 11월 프로연맹인 한국농구연맹(KBL)이 탄생하면서 남자프로농구가 출범했고 2년 뒤인 1998년 11월 한국여자농구연맹(WKBL)이 결성됐다.

FIBA 아메리카

FIBA 아메리카는 1975년도에 설립되어 미국, 캐나다, 아르헨티나 등의 44개국으로 이루어져 있고, 연맹본부는 푸에르토리코 산후안에 위치해있다.

FIBA 아프리카

FIBA 아프리가는 1961년도에 설립되어 이집트 앙골라 등의 53개국으로 이루어져 있고, 연맹 본부는 코트디부아르 아비장에 위치해있다.

FIBA 오세아니아

FIBA 오세아니아는 1969년도에 설립되어 오스트레일리아, 뉴질랜드 피지 등의 21개국으로 이루어져 있고, 연맹 본부는 오스트레일리아 퀸즐랜드에 위치해있다

FIBA 유럽

FIBA 유럽은 1957년도에 설립되어 독일, 터키, 스페인 등의 50개국으로 이루어져 있고, 연맹 본부는 독일 뮌헨에 위치해있다.

2. 세계의 농구대회

국가별 대회

FIBA 농구월드컵

국제농구연맹(FIBA)에서 주최하는 세계 농구 대회로 1950년에 1회 대회가 열리면서 4년에 1번씩 열린다. 1959년부터 1967년까지 홀수년도로 개최했다가 1970년부터 다시 짝수년도로 개최하면서 피파 월드컵이랑 같은 해에 매해 개최되었다가 피파 월드컵에 밀린다고 하여 2019년 대회부터 다시 홀수년도에 개최한다. 2010년 대회까지는 FIBA 세계 선수권 대회(FIBA World Championship)로 불리다가 2014 FIBA 농구 월드컵 스페인부터 월드컵이란 이름을 쓰게되었다.

FIBA 대륙별 선수권대회

FIBA 대륙별대회는 국제농구연맹(FIBA)의 산하에 있는 5가지 대륙별 연맹안의 국가대표팀이 참가하는 국제 농구 대회이며, FIBA 아메리카 선수권대회, FIBA 아시아 선수권대회, FIBA 아프로 바스켓, FIBA 유로바스켓, FIBA 오세아니아 선수권대회로 구성되어 있다.

윌리엄 존스컵

윌리엄 존스컵(영어 : William Jones Cup)은 1977년부터 중화민국 타이베이 시에서 매년 개최되는 국제 농구 대회이다. 2003년, 아시아에서 발생한 사스(SARS) 전염병 위기로 대회가 취소된 적이 있다. 대회명은 농구 프로모터이자 국제 농구 연맹(FIBA)의 창설자 중 한 사람이었던 레나토 윌리엄 존스(Renato William Jones)의 이름에서 유래되었다.

리그별 대회

유로리그

유럽축구에 UEFA 챔피언스리그가 있다면 유럽농구엔 유로리그가 있다. 유로리그는 NBA 다음으로 세계에서 가장 경쟁력 있는 리그로 평가받고 있다. 2000년대 이후, 지금의 유로리그 시스템이 완성되었다. 기존에는 FIBA (국제농구연맹)에 의해 대회가 열렸지만, 이후 Euroleague Basketball Company로 주관사가 바뀌었다. 유로리그 바스켓볼 본사는 스페인 바르셀로나에 있고, Jordi Bertomeu가 회장을 역임하고 있다. 2010년 이후, 터키항공(Turkish Airlines)이 공식스폰서가 되면서 터키항공 유로리그(Turkish Airlines Euroleague) 라고 부른다. Euroleague와 Turkish Airlines은 2020년까지 스폰서 연장 계약을 체결했다.

NBA 파이널

NBA 파이널(NBA Finals)는 전미 농구 협회(NBA)의 챔피언십 시리즈로 1986년까지는 NBA 월드 챔피언십 시리즈라고 불렀다.

동부 컨퍼런스 결승과 서부 컨퍼런스 결승의 승자가 맞붙게 되며 먼저 4경기를 승리하는 팀이(7전 4선승제) 우승 트로피인 래리 오브라이언 챔피언십 트로피를 차지하게 된다. (1946년부터 1983년까지는 월터 A.브라운 트로피를 수여했다.) NBA 파이널은 처음 열린 1947년 이후 늘 NBA와 미국 농구 시즌의 마지막을 장식해왔다.

1985년 이후 2-3-2 구조로 진행됐다. 첫 2경기와 마지막 2경기를 좀 더 정규시즌 성적이 나은 팀의 홈구장에서 여는 구조다. 2014년부터 다시 2-2-1-1-1 구조로 변경된다.

2-3-2 구조는 높은 성적의 팀이 1,2,6,7차전을 홈 경기로 하고, 낮은 성적의 팀이 3,4,5차6전을 홈 경기로 하는 구조이고, 2-2-1-1-1 구조는 높은 성적의 팀이 1,2,5,7차전을 홈 경기로 하고, 낮은 성적의 팀이 3,4,6차전을 홈 경기로 하는 구조이다.

KBL 챔피언결정전

한국프로농구의 마지막 경기이자 그 해 최고의 팀을 가리는 대회로 KBL에서 공식적으로 사용하는 표현이다. 2016년 2월 현재 울산 모비스 피버스가 전신 부산 기아 엔터프라이즈 시절 1회를 포함하여 가장 많은 진출(총 19회 중 9회, 47%) 및 우승(총 19회 중 6회, 31%)을 기록하고 있다.

과거 농구대잔치 시절 챔피언결정전이 있었고, 1997년 프로농구 출범과 함께 농구대잔치와 마찬가지로 정규시즌–플레이오프–챔피언결정전으로 치르기로 결정했다. 1997년 챔피언결정전은 기아 엔터프라이즈와 나래 블루버드였고 초대 우승은 부산 기아 엔터프라이즈가 우승을 차지했다.

KBL의 플레이오프 방식의 가장 큰 특징은 정규리그 1, 2위팀이 결승전에 없을 수도 있다는 점이다. 정규리그 1, 2위팀에게 부여되는 혜택이 1라운드를 치르지 않고 2라운드로 갈 수 있는 것이 전부이기 때문. 물론 1라운드에서 소모되는 체력을 감안하면 혜택이 적다고 할 수는 없지만, 정규리그에서 암만 잘해도 플레이오프에서 고꾸라져서 챔피언결정전에 진출하지 못할 수도 있다는 위험도가 존재하는 셈이다. 1997년 챔피언결정전이 시작된 이래, 2009년 챔피언결정전과 2011년 챔피언결정전은 1, 2위팀 없이 오로지 3, 4위팀 간의 결승전으로 치뤄졌다.

3. 세계의 프로농구

가. 한국의 프로농구

남자 프로농구

KBL(Korean Basketball League : 한국농구연맹)이 주관하는 한국 남자프로농구의 정규리그전으로, 1997년 9월 9개팀이 참가하여 시작되었다. 1997년 9월에는 청주 SK 나이츠가 새로 참가하여 1997-1998년 시즌부터는 10개 팀이 참가하고 있다. 매년 개최되며 후원사에 따라 대회명 앞에 후원사의 이름이 다르게 붙는다. 정규경기와 플레이오프전의 홈경기는 KBL이 주최하고 홈팀이 주관하며 올스타경기는 KBL이 주최 · 주관한다.

11-12시즌부터 정규리그와 플레이오프를 분리시키며 챔피언결정전을 플레이오프에 편입시켰다. 이에 따라 KBL 챔피언결정전 우승팀은 플레이오프 우승팀, 챔피언결정전 MVP의 명칭은 플레이오프 MVP로 변경했다.

정규경기는 전년도 10월부터 다음해 3월까지 열리며, 플레이오프 경기일정은 정규시즌 종료 이전에 발표한다. 올스타경기는 매년 정규경기 중간인 1월 마지막 주말에 실시한다. 정규경기의 경기방법은 10개팀이 6회의 라운드 로빈(Round-Robin) 방식으로 하되 각 팀은 홈경기 27경기, 어웨이경기 27경기를 합하여 총 54경기를 갖는다. 플레이오프 경기는 정규경기 결과 상위 6개 팀이 참가하여 토너먼트를 벌이는데, 4, 5팀과 3, 6위팀이 1라운드(3전 2선승제)를 치러 4, 5위팀 간 우승팀은 1위팀과, 3, 6위팀간 우승팀은 2위팀과 붙어 4강전인 2라운드(5전 3선승제)를 벌인다. 2라운드에서 우승한 2팀은 7전 4선승제의 챔피언 결정전에서 우승팀을 가린다.

플레이오프전의 경기장은 1라운드는 선순위팀의 홈 경기장에서 1차전을, 후순위팀의 경기장에서 2차전을, 선순위팀의 경기장에서 3차전을 실시한다. 2라운드에서는 선순위팀의 홈 경기장에서 1, 2차전을, 후순위팀의 경기장에서 3, 4차전을, 선순위팀의 경기장에서 5차전을 실시한다. 챔피언결정전은 선순위팀의 홈 경기장에서 1, 2차전을, 후순위팀의 경기장에서 3, 4, 5차전을, 선순위팀의 경기장에서 6, 7차전을 실시한다.

올스타경기는 중부 선발팀과 남부 선발팀 간의 경기로 진행되는데, KBL이 지정한 장소에서 실시하며 베스트 5명은 포지션별로 팬 투표로 정하고, 나머지 7명의 선수는 포지션별로 KBL 소속 감독들의 투표로 선발하되 자기팀 선수는 투표 대상에서 제외한다. 외국 선수는 팀당 5인 이내로 한다.

KBL은 정규시즌 중간과 종료 후 경기실적에 따라 비계량부문과 계량부문의 두 부문에서 시상을 실시한다. 비계량부문에는 기자단이 27경기 이상의 정규경기에 출전한 모든 국내선수 중 1명(신인 포함)을 선정하는 최우수선수상이 있고, 그밖에 외국선수상, 신인선수상, 우수수비상, 우수후보선수상, 기량발전상, 모범선수상, 감독상, 이 달의 선수, BEST 5, 수비 5걸이 있다. 계량부문에는 득점상, 야투상, 3점슛상, 3점야투상, 자유투상, 리바운드상, 어시스트상, 스틸상, 블록상이 있다. 플레이오프 경기와 올스타 경기 후에는 기자단이 최우수선수선수를 각각 선정한다.

한국 남자 프로농구 10개 구단	
고양오리온 오리온스	울산 모비스 피버스
부산 KT 소닉붐	원주 동부 프로미
서울 SK 나이츠	인천 전자랜드 엘리펀츠
서울 삼성 썬더스	전주 KCC 이지스
안양 KGC 인삼공사	창원 LG 세이커스

고양오리온 오리온스

한국의 KBL(Korean Basketball League : 한국농구연맹)에 소속된 프로농구팀으로, 1997년 프로농구 출범부터 연고지는 대구광역시였으나 2010-2011시즌을 마친 후 고양으로 연고지를 이전했다. 1996년 3월에 '동양제과 농구단'으로 출발하여 같은해 12월 '대구 동양오리온스 프로 농구단'으로 개칭, 프로농구단으로 정식 출범하였으며 2003년 9월 대구오리온스로 변경하였고 2011년 연고지 이전으로 고양오리온스로 팀 명칭을 개편하였다. 2015년 '고양 오리온 오리온스'로 개칭하였다.

동양제과 농구단은 창단 27일 후 1996년 4월 코리안리그에서 우승, 6개월 후 제77회 전국체육대회에서 준우승의 기록을 세웠다.

2001~2002 시즌 36승 18패로 정규리그에서 1위, 챔피언결정전에서 우승하였으며, 2002~2003 시즌 38승 16패로 정규리그 1위로 정규리그 우승 2연패, 챔피언결정전 준우승을 차지하였다. 2003~2004 시즌 정규리그 3위, 2004~2005 시즌 정규리그 6위, 2005~2006 시즌 정규리그 6위, 2006~2007 시즌 정규리그 4위로 플레이오프에 진출하며 'KBL 최초로 6년연속 플레이오프 진출'의 기록이 있다. 이후 2007~2008 시즌 10위, 2008~2009 시즌 9위, 2009~2010 시즌 10위, 2010~2011 시즌 10위에 그쳤다.

2011~2012 시즌 정규리그 8위를 기록하였으며, 2012~2013 시즌 5위로 6강 플레이오프에 올랐으나 탈락하였다. 2013~2014 시즌에는 6위로 6강 플레이오프에 올랐으나 탈락하였으며, 2014~2015 시즌 5위로 6강 플레이오프에 올랐으나 탈락하였다. 2015~2016 시즌 정규리그에서 3위에 올라 플레이오프에 진출하였으며, 챔피언결정전에서 우승하였다.

홈구장은 고양체육관이다. 마스코트는 꼬마요정이란 뜻의 'ELF'로, 심볼인 오리온스 별 이미지와 꼬마요정의 이미지를 디자인하여 승리를 향한 강한 자신감을 형상화한 것이다.

주요선수

- 김동욱('11~현재) : '11 현대모비스 프로농구 정규리그 기량발전상
- 문태종('5~현재) : '11 제3회 동아스포츠대상 남자프로농구 올해의 선수상
- 정재홍('15~현재)

부산 KT 소닉붐

한국농구연맹에 소속된 프로농구팀으로, 연고지는 부산이다. 1996년 1월 광주를 연고지로 창단한 광주 나산 플라망스를 1999년 인터넷 벤처기업인 골드뱅크 커뮤니케이션즈(주)가 인수하여 광주 골드뱅크 클리커스를 창단하였고, 2000년 연고지를 전라남도 여수로 옮기고 여수 골드뱅크 클리커스로 팀명을 변경하였다. 여수 골드뱅크 클리커스는 모기업의 재정난으로 2001년 6월 국내 최초의 시민구단으로 새출발하면서 여수 코리아텐더 푸르미로 팀명을 변경하였고, 2003년 9월 연고지가 부산으로 변경되면서 팀명도 부산 코리아텐더 맥스텐으로 바뀌었다.

2003년 11월 13일 KTF가 코리아텐더 맥스텐을 인수한 뒤 2004년 1월 18일 부산 KTF 매직윙스(Magic Wings)를 창단하였고, 2009년 KT가 KTF를 합병하면서 팀명도 부산 KT 소닉붐으로 변경하였다. 팀명인 '소닉붐'은 제트기가 음속을 넘을 때 나는 폭발음을 뜻한다.

창단 첫해인 2003–2004 시즌에는 정규리그 8위에 그쳤고, 2004–2005 시즌에는 정규리그 4위로 6강 플레이오프에 진출하였으나 4강전에는 오르지 못하였다. 2005–2006 시즌에도 정규리그 4위로 6강 플레이오프에 올랐으나 전주 KCC 이지스에 2대0으로 패하여 4강전 진출에 실패했다. 2006–2007 시즌은 정규리그 3위로 6강 플레이오프에 오른 뒤 챔피언결정전까지 진출하였으나 울산 모비스 피버스에 3승 4패로 패하여 준우승에 머물렀다. 2007–2008 시즌은 정규리그 8위, 2008–2009 시즌에서는 창단 후 처음으로 최하위인 10위로 하락하였다가 2010~2011 시즌에서 우승하였다.

홈구장은 부산금정체육관을 사용해오다가 2006–2007시즌부터 부산광역시 사직실내체육관으로 이전하였다.

주요선수

- 조동현('04~'13)
- 조성민('09~현재) : '11 스포츠토토 한국농구대상 베스트 5
- 이재도('13~현재) : '15 스포츠토토 한국농구대상 기량발전상

서울 SK 나이츠

한국의 KBL(Korean Basketball League : 한국농구연맹)에 소속된 프로농구팀으로 연고지는 서울특별시이다. 1997년 7월 진로농구단을 인수하여 9월 한국 프로농구 제10구단으로 창단하였다.

창단 후 첫 출전한 1997~1998년 시즌에는 신생팀의 한계를 극복하지 못하고 10위에 그쳤지만, 2000년 4월 2일 농구단을 창단한 지 2년 7개월 만에 1999~2000년 시즌 처음으로 챔피언결정전 우승을 차지하였고 2001~2002년 시즌 32승 22패로 정규리그 2위와 챔피언결정전 준우승을 하였다.

홈구장은 잠실학생체육관이고, 연습구장은 2000년 9월 완공된 용인 양지체육관이다. 마스코트는 서양의 전설적인 원탁의 기사 덩키(Dunky)로, 든든하고 유연한 갑옷과 휘날리는 망토로 상징되는 무적기사단의 역동적이고 패기만만한 이미지 구성으로 구단의 위상을 표현하였다.

주요선수

- 서장훈('98~'02) : '98 애니콜 리바운드 상, '00 정규리그 플레이오프 MVP
- 전희철('04~'08)
- 김선형('11~현재) : '12 인기상, 페어플레이상, '13 스포츠토토 인기상, 우수선수상

서울 삼성 썬더스

한국의 KBL(Korean Basketball League : 한국농구연맹)에 소속된 프로농구팀으로, 연고지는 서울특별시이다. 1978년 삼성남자농구단으로 출발하여 1982년 삼성전자농구단으로 팀명을 변경하였으며, 1997년 수원 삼성 썬더스로 팀명을 확정·변경하였다. 2001년 연고지를 서울특별시로 옮기면서 지금의 명칭으로 변경하였다.

아마추어 농구단 시절 1979년 코리안리그 첫 우승을 시작으로 종별 선수권대회 등을 통해 총 25회 우승, 21회 준우승, 564전 378승 186패의 기록을 세웠다.

1997년 1월 아마추어 농구단에서 지금의 팀명으로 프로농구단을 재창단하였다. 1998~1999년 시즌에 처음으로 플레이오프에 진출하였고 1999~2000년 시즌에 플레이오프 4강에 진출하였다. 2000~2001년 시즌 31승 11패의 기록으로 한 시즌 최다승 기록을 갱신하며 정규리그 1위와 첫 챔피언결정전 우승, 2005년~2006년 시즌 챔피언결정전 우승으로 총 2차례 우승 기록이있다.

홈구장은 잠실실내체육관이다. 마스코트는 번개와 우레를 뿜어내는 가상의 썬더보그로, 강력한 힘과 유머러스한 표정을 통해 강하고 친근감 있는 팀의 이미지를 표현한다. 심볼마크는 번개 · 천둥의 폭발하는 힘을 강렬한 색상으로 개성과 단결의 조화를 형상화하였다. 구단 프런트는 1999년을 시작으로 '팬의 날(Fan's Day)', '수원 삼성 썬더스컵 3 ON 3 농구대회'를 개최하고 있다.

주요선수

- 이상민 ('07~'10) : '08 프로농구 우수선수상, 인기상, '09프로농구 베스트5, 인기상
- 서장훈 ('02~'07) : '06 프로농구 정규리그 MVP, 올스타전 MVP
- 김승현 ('11~'14)
- 주희정 ('98~'01, '15~현재) : '97~'99 수비5걸상, '00 플레이오프 최우수선수상
- 문태종 ('15~현재)

안양 KGC 인삼공사

한국의 KBL(Korean Basketball League : 한국농구연맹)에 소속된 프로농구팀으로 연고지는 경기도 안양시이다. 1992년 3월 연고대학으로 연세대학교와 중앙대학교를 지명하여 sbs 농구단으로 창단했다. 일부 다른 프로구단과 마찬가지로 창단 초기에는 아마추어 구단으로 활약한 경력이 있다. 창단한 그해 11월 코리안리그 2차 대회 준우승, 1992~1993 농구대잔치 1차 리그에서 4위를 하였다. 1994년 코리안리그 2차 대회에서 3위를 하였고, 1995년 코리안리그 2차 대회에서 우승을 차지하였다.

1997년 1월 SBS 스타즈로 프로농구팀을 재창단하였으며, 프로 원년 정규리그에서 14승 7패로 2위를 기록하였다.

2005년 9월 KT&G가 SBS 스타즈를 인수하여 안양 KT&G 카이츠 프로농구단으로 재창단 하였다가 2010년 10월 1일자로 한국 인삼공사가 다시 인수하였다. 2011년 7월 안양 KGC인삼공사 프로농구단으로 팀명을 변경하였다.

홈구장은 경기도 동안구 비산3동 1023번지에 있는 안양체육관이다.

주요선수

- 양희종('11~현재) : '15 한국농구대상 수비상
- 이정현('10~'13, '15~현재) : '11 한국농구대상 신인상, '12 식스맨상
- 오세근('11~현재) : '12 프로농구 신인상

울산 모비스 피버스

한국의 KBL(Korean Basketball League : 한국농구연맹)에 소속된 한국의 프로농구팀으로 연고지는 울산광역시이다. 1986년 4월 기아자동차 농구단로 창단하였으며 1997년 1월 프로구단으로 새롭게 창단하였다.

1999년 모기업인 기아그룹의 부도로 현대그룹이 인수하였지만, 팀 명칭은 그대로 유지되었다. 2001년 연고지를 부산광역시에서 울산광역시로 옮기면서 울산 기아 엔터프라이즈로 명칭이 변경되었다. 2001년 9월 현대 모비스가 기아 엔터프라이즈를 인수함에 따라 팀명이 울산 모비스 오토몬스로 변경되었다가, 2004년 9월 다시 현재의 팀명으로 변경되었다.

그동안의 전적을 살펴보면 1988 · 1989 · 1992 · 1994 · 1995년 코리안리그 우승, 1989년 농구대잔치 우승, 1889~1990, 1990~1991, 1991~1992, 1992~1993, 1994~1995, 1995~1996년 농구대잔치 우승, 1992년 4월 타이에서 열린 제5회 및 인도네시아에서 열린 제8회 ABC클럽 선수권대회 우승, 1997~1998년과 1998~1999년 프로농구대회 준우승 등 우승경력이 화려하다.

2005~2006년과 2006~2007년 시즌 36승 18패의 기록으로 2년 연속 정규리그 1위를 차지하였으며, 챔피언결정전 준우승 및 우승의 기록이 있다. 2009~2010년 정규리그, 챔피언결정전 통합 우승을 차지하였다.

홈구장은 울산 동천체육관이다. 마스코트 피버스(PHOEBUS)는 그리스어로 '태양의 신 아폴로'를 의미한다.

주요선수

- 우지원('02~'10) : '06 현대모비스 월간 MVP, '07 우수후보선수상
- 문태영('12~'15) : '13 한국농구대상 득점왕
- 함지훈('07~'10, '12~현재) : '09 한국

원주 동부 프로미

한국의 KBL(Korean Basketball League : 한국농구연맹)에 소속된 프로농구팀으로 연고지는 강원도 원주시이다. 1996년 9월 나래이동통신이 한국산업은행 농구단을 인수하여 그해 12월 나래 블루버드라는 이름으로 창단하였으며, 1996~1997년 농구대잔치에 참가하였다.

1999년 8월 나래 해커스로 팀의 명칭을 변경하였다가 1999년 10월 삼보 엑써스로 이름을 바꾸었고 2002년 8월 원주 TG 엑써스로 팀명을 바꾸었다. 2005년 10월에 동부그룹이 인수, 창단하면서 현재의 팀명으로 이름을 변경하였다.

산업은행 시절의 착실한 전력을 바탕으로 1997년 프로농구 원년 리그에서 준우승을 차지하였고, 1997~1998년에 이어 허재가 가세한 1998~1999년 시즌에는 플레이오프에 진출하였다.

2002~2003년 시즌 정규리그에서는 32승 22패로 3위로 플레이오프에 진출하여, 플레이오프 6강전에서 울산 모비스 오토몬스에 이겼고 4강전에서는 창원 LG 세이커스에 이겼다. 챔피언결정전에서는 대구 동양 오리온스를 4승 2패로 물리치고 프로농구 출범 이후 처음으로 우승하였으며, 정규리그 3위팀으로서 4강 플레이오프에 직행하지 못하고도 챔피언에 오른 최초의 팀이 되었다.

이후 2004~2005년 시즌까지 3년연속 챔피언결정전 진출, 챔피언결정전 2회 우승 및 정규리그 2회 우승하였으며, 2007~2008년 시즌 KBL역대통산 최소경기인 48경기만에 38승 16패의 기록으로 정규리그 1위와 챔피언결정전 우승을 하였다.

홈구장은 원주종합체육관이고, 마스코트는 프로미(Promy)이다.

주요선수

- 허재('99~'05) : 프로농구 모범선수상 ('03)
- 두경민('13~현재)
- 허웅('14~현재) : KCC프로농구 정규리그 기량발전상('16)

인천 전자랜드 엘리펀츠

한국의 KBL(Korean Basketball League : 한국농구연맹)에 소속된 프로농구팀으로서 연고지는 인천광역시이다. 1996년 3월에 창단한 대우그룹 계열의 인천 대우 제우스를 1999년 10월 8일 신세기통신(주)이 인수하여 인천 신세기빅스로 재창단하였고, 2001년 9월 SK텔레콤(주)이 신세기통신(주)을 흡수합병함에 따라 인천 SK 빅스로 팀명이 변경되었다. 2003년 10월 전자랜드(주)가 SK 빅스를 인수하여 인천 전자랜드 블랙슬래머(Incheon etland Black Slamer)를 창단하였고, 2009년 8월 지금의 명칭으로 변경하였다.

인천 대우 제우스는 연세대학교와 명지대학교 출신 선수들을 주축으로 팀을 이루어 1997년 프로농구 출범부터 정규리그에 참가하여 1998-1999시즌 3위로 가장 좋은 성적을 거두었다. 인천 신세기 빅스는 1999-2000시즌 10위, 2000-2001시즌 5위에 올랐고, 인천 SK 빅스는 2001-2002시즌 4위에 이어 2002-2003시즌 7위에 머물렀다.

전자랜드로 출범한 뒤 2003-2004시즌에는 32승 22패로 4위를 차지하여 6강 플레이오프에 오른 뒤 서울 삼성 썬더스를 2승 1패로 꺾고 4강전에 진출하였으나 TG삼보에 3연패하여 챔피언결정전에는 오르지 못하였다. 이후 2004-2005시즌과 2005-2006시즌에는 2시즌 연속 최하위인 10위에 머물렀고, 2006-2007시즌에는 9위, 2007-2008시즌에는 7위에 그쳤다. 2008-2009시즌에는 '국보급 센터'로 불리는 서장훈을 영입하여 팀 최다연승 기록인 8연승을 올리면서 29승 25패를 거두어 정규리그 6위로 6강 플레이오프에 올랐으나 전주 KCC 이지스에 2승 3패로 패하여 4강전에는 진출하지 못하였다.

마스코트는 코끼리로, 농구공을 한 손에 가득 잡은 큰 체구에 평소에는 귀엽고 친근한 표정을 짓고 있으나 막상 경기가 시작되면 강인한 눈매와 역동적인 자세로 힘찬 플레이를 펼쳐나가는 모습을 함께 담은 플레이어로 형상화하였다. 홈구장은 인천광역시 부평구 삼산동에 있는 삼산월드체육관이다.

주요선수

- 서장훈('08~'11) : 한국농구대상 베스트5, 리바운드상('08), 한국농구대상 베스트5, 득점상('09)
- 문경은('01~'06) : 프로농구 정규리그 베스트 5('02)
- 박찬희('16~현재)

전주 KCC 이지스

한국의 KBL(Korean Basketball League : 한국농구연맹)에 소속된 프로농구팀으로, 연고지는 전라북도 전주시이다. 1997년에 현대걸리버스프로농구단으로 창단하였으며 2001년 5월 지금의 이름으로 바꾸었다.

프로구단으로 개편되기 이전부터 전국체육대회 · 점보시리즈 · 농구대잔치 등에서 많은 우승경력을 쌓은 명문구단으로, 1997~1998년시즌과 1998~1999년 시즌 정규리그와 챔피언 결정전에서 2년 연속 우승하였다. 1999~2000년 시즌 정규리그에서 우승하였으나, 챔피언결정전 우승은 실패하였다.

2001~2002년 시즌 정규리그 3위, 2003~2004년 시즌 정규리그에서는 39승 15패로 2위를 기록하며 플레이오프 진출하여 챔피언결정전에서 우승하였다. 2004~2005년 시즌 정규리그에서는 34승 20패로 2위, 챔피언결정전 준우승하였으며, 2007~2008년 시즌 정규리그에서는 33승 21패로 2위, 2008~2009년 시즌 정규리그에서는 31승 23패로 3위로 플레이오프 진출하여 챔피언결정전 우승을 차지하였다. 2009-2010년 시즌 정규리그에서는 35승 19패로 3위를 차지하였고, 2010-2011년 시즌 정규리그에서 역시 34승 20패로 3위를 기록하였다. 2011-2012년 시즌 정규리그에서는 31승 23패로 4위를 차지하였다. 이후 2013-2014 시즌에서는 20승 34패로 7위, 2014-2015 시즌에는 12승 42패로 9위를 기록했다가, 2015-2016 시즌에 36승 18패로 정규리그 1위에 올랐다.

팀명인 이지스(EGIS)는 그리스신화에 등장하는 방패로서, 벼락에 맞아도 부서지지 않는다고 하며 제우스가 그의 딸 아테나에게 선물했다. 항상 최강의 전력을 유지하고 다른 구단의 도전을 강력하게 막아낸다는 의미를 지닌다. 마스코트는 이지스 방패를 갑옷으로 걸친 고대의 신 이미지를 표현하였으며, 자신감 있는 포즈를 통해 팀의 강한 힘과 역동성이 나타나도록 하였다.

주요선수

- 이상민('01~'07)
- 하승진('08~현재) : 플레이오프 최우수선수('11), 한국농구대상 리바운드, 블록슛, 베스트5, MVP ('11)
- 전태풍('09~'12, '15~현재)

창원 LG 세이커스

한국의 KBL(Korean Basketball League : 한국농구연맹)에 소속된 프로농구팀으로 연고지는 경상남도 창원시, 창단감독은 이충희이다. 1994년 금성농구단으로 창단하여 고려대학교 출신 양희승 · 박재헌 등 13명의 선수로 팀을 구성하였으며, 1997년 3월 11일 현재의 구단으로 명칭이 확정되었다. 1995년 8월 LG반도체(주)로 모기업을 변경하였다가 다시 1998년 6월 LG전자(주)로 바뀌었다.

창단 첫해인 1997~1998년 시즌 정규리그에서 2위로 준우승을 차지하였고, 홈경기에서 관중동원 1위를 기록하기도 하였다. 2000~2001년, 2002~2003년, 2006~2007년 시즌 정규리그 2위로 준우승 하였으며, 2013년~2014년 시즌 정규리그에서 우승하였다. 창단 이후 7년 연속 홈 경기 관중 입장 1위, 2006년 2월 한국 프로농구 최초 통산 홈경기 관중 100만 돌파 및 2006년 12월 KBL 최초 정규리그 홈 100만관중 돌파의 기록을 가지고 있다.

홈구장은 창원체육관, 연습구장은 이천LG챔피언스파크이다. 마스코트는 송골매를 뜻하는 세이커로, 먹이를 보고 쏜살처럼 날아가는 송골매의 스피드, 목표물을 정확히 포착하는 통찰력과 정확성, 이를 한번에 낚아채는 강인함과 용맹성을 닮겠다는 뜻이 담겨 있다.

주요선수

- 현주엽('05~'09) : 프로농구 시상식 베스트5('05)
- 김영환('12~현재) : 한국농구대상 3점슛상('13)
- 유병훈('12~현재) : 한국농구대상 식스맨상('15)

여자 프로농구

한국여자프로농구는 여자 실업 농구를 확장하여 1998년에 출범했으며, WKBL(Women's Korean Basketball League)이라고도 한다.

한국여자농구연맹의 주관 하에 1998년 여름 리그를 시작으로 1년에 두 차례씩 겨울 리그와 여름 리그를 운영했었으나, 2007-08 시즌부터는 단일 리그만을 운영하고 있으며, 2군 리그인 퓨처스 리그도 운영 중이다. 처음에 다섯 개팀으로 운영되던 리그는 2000년 4월 금호생명이 농구단을 창단하면서 현재 여섯 개 팀으로 운영되고 있다. 2001년 여름리그부터는 연고지 제도가 도입되었다. 대한민국의 다른 프로스포츠 리그들과 달리 경쟁이 치열한 대도시보다 중소 도시들을 연고지로 하는 것이 특징이다.

한국 여자 프로농구 6개 구단	
구리 KDB생명 위너스	용인 삼성생명 블루윙스
부천 KEB 하나은행	인천 신한은행 에스버드
아산 우리은행 위비	청주 KB 스타즈

아산 우리은행 위비

한국 WKBL(Women's Korean Basketball League : 한국여자농구연맹)에 소속된 여자프로농구팀으로, 1958년 4월 상업은행(주)을 모기업으로 하여 한국 최초의 여자농구팀으로 창단하였다. 1999년 1월 한일은행(주)과 상업은행(주)이 합병하여 한빛은행(주)이 됨으로써 '한빛은행 한새여자농구단'으로 명칭이 변경되었다가, 2002년 한빛은행이 우리은행이 되면서 '우리은행 한새여자농구단'이 되었다. 이후 2016년 3월 연고지를 강원 춘천에서 충청남도 아산시로 이전하여 지금의 구단 명칭에 이르렀다.한국 WKBL(Women's Korean Basketball League : 한국여자농구연맹)에 소속된 여자프로농구팀으로, 1958년 4월 상업은행(주)을 모기업으로 하여 한국 최초의 여자농구팀으로 창단하였다. 1999년 1월 한일은행(주)과 상업은행(주)이 합병하여 한빛은행(주)이 됨으로써 '한빛은행 한새여자농구단'으로 명칭이 변경되었다가, 2002년 한빛은행이 우리은행이 되면서 '우리은행 한새여자농구단'이 되었다. 이후 2016년 3월 연고지를 강원 춘천에서 충청남도 아산시로 이전하여 지금의 구단 명칭에 이르렀다.

1958~1963년 종별선수권대회 우승, 1963년 칠레 세계선수권대회 8위, 1965~1967년 종별선수권대회 우승, 1984년 춘계연맹전 우승, 1985년 전국체육대회 우승, 1990~1992년 춘계연맹전 준우승, 1993년 농구대잔치(금융리그) 우승, 1998년 전국체육대회 3위, 1999년 한빛은행배 여자프로농구 겨울리그 준우승, 2000년 바이코리아 여자프로농구 겨울리그 3위, 2000년 한빛은행배 여자프로농구 여름리그 5위 등의 전적을 거두었다.

2001년 삼성비추미배 여자프로농구 겨울리그 준우승, 여름리그 3위를 차지하였고 2002년 NEW 국민은행배 여자프로농구 여름리그에서 3위를 기록하였고, 2003년 우리금융그룹배 여자프로농구 겨울리그 우승을 차지하였고 플레이오프에 진출하여 창단 이후 최초의 우승을 차지하였고, 여름리그 우승을 차지하였다.

2005년 KB 스타배 여자프로농구 겨울리그와 플레이오프전에서 통합 우승, 같은 해 신한은해배 여자프로농구 여름리그 준우승을 기록하였으며, 2006년 금호아시아나배 여자프로농구 겨울리그, 플레이오프전 통합우승을 차지하였다. 2007년 삼성생명 비추미배 여자프로농구 겨울리그 준우승을 기록하였다.

마스코트는 한새로서 황새의 순우리말이며 크다는 뜻을 지녔다. 최대 3m의 큰 날개로써 크고 우아하면서도 세련된 매너를 펼치며 코트를 압도한다는 의미이다.

주요선수

- 박혜진('08~현재) : 여자프로농구 신인상('09), MBN여성스포츠대상 우수상('14), 한국농구대상 여자농구 MVP('15)
- 임영희('16~현재) : 여자프로농구 정규리그 베스트 5('16)

인천 신한은행 에스버드

한국여자농구연맹에 소속된 프로농구팀으로서 1982년 2월에 창단한 현대중공업여자농구단이 전신이다. 현대중공업여자농구단은 1990년 5월 현대산업개발여자농구단, 2000년 1월 현대건설레드폭스여자농구단을 거쳐 같은 해 4월 현대건설하이페리온여자농구단으로 명칭을 변경하였다. 2004년 6월 신한은행이 이를 인수하여 9월에 지금의 명칭으로 창단하였다.

연고지는 인천광역시이고, 홈구장은 도원실내체육관이다. 마스코트는 황금날개를 단 새의 여신을 표현한 것인데, 모든 이가 꿈꾸고 소망하는 것들을 이루어 주는 수호자로서 스포츠의 역동성과 농구의 테크닉을 통해 모든 이의 사랑을 한몸에 받는 친근한 이미지를 표현하였다.

전신인 현대산업개발 시절에 1990년 농구대잔치 1 · 2차대회 준우승, 1993년 춘계여자실업농구연맹전 준우승, 전국체전 준우승, 1993~1994년 농구대잔치 우승, 1994년 전국체육대회 준우승, 1995~1996년 농구대잔치 준우승, 1997년 치악배(盃) 여자실업농구대회 우승, 1997~1998년 농구대잔치 준우승, 1999년 여자프로농구 여름 · 겨울리그 우승 및 챔피언결정전 준우승, 2000년 겨울리그 준우승 등의 전적을 거두었다.

현대건설 시절에는 2000년 여름리그 2위로 플레이오프를 거쳐 챔피언결정전에 올랐으나 신세계 쿨캣에 2연패하여 준우승에 머물렀다. 2001년과 2002년에는 겨울리그 3위, 여름리그 2위를 차지하였다. 2003년 겨울리그에서는 9승 11패로 3위를 차지하였고, 플레이오프 준결승전에서 삼성생명비추미여자농구단에 패하여 챔피언결정전에 오르지 못하였다.

신한은행에스버드 출범 후에는 2005년 여름리그 우승과 겨울리그 준우승, 2007년에는 겨울리그 통합 우승을 하였고, 겨울 단일리그로 운영되기 시작한 2007~2008시즌에는 정규리그와 챔피언결정전에서 통합 우승을 차지하였다. 2008~2009시즌에도 정규리그와 챔피언결정전 통합 우승을 차지함으로써 2007년 겨울리그 이래 3연속 통합 우승을 달성하였다.

주요선수

- 하은주('14~'16)
- 김단비('07~현재) : 퓨처스리그 최우수선수상, 베스트5, 득점왕, 스틸상, 블록슛상('09)

나. 미국의 프로농구

남자 프로농구(NBA)

전미농구협회(National Basketball Association)를 뜻하는 영문의 머리글자를 딴 약칭으로, 일반적으로 이 단체가 주관하는 프로농구 리그를 통칭한다. MLB(야구) · NFL(미식축구) · NHL(아이스하키)과 더불어 미국의 4대 스포츠 리그로 꼽힌다.

NBA 연혁

1946년 6월 11개 팀으로 구성된 BAA(Basketball Association of America)로 출범하였으며, 1949년 라이벌 리그였던 NBL(National Basketball League)을 흡수하여 17개 팀으로 재편성하면서 지금의 명칭을 사용하기 시작하였다. 이후 인기가 하락하여 1954년에는 8개 팀으로 줄었으나 24초 바이얼레이션 도입 등 흥미를 더하는 경기규칙 개정과 걸출한 흑인 선수들의 활약 등의 요인으로 서서히 인기를 회복하였다. 이에 힘입어 1960년대 말 14개 팀으로 늘어났으며, 1976년에는 ABA(American Basketball Association)를 흡수하여 22개 팀으로 확대되었다. 1980년대에는 매직 존슨과 래리 버드, 마이클 조던 등 절정의 기량을 지닌 선수들의 맹활약으로 미국뿐 아니라 전 세계적으로 인기를 끌게 되었다. 팀 수도 차츰 늘어나서 1995년 밴쿠버 그리즐리스(지금의 멤피스 그리즐리스)와 캐나다의 토론토 랩터스가 창단하여 29개 팀이 된 데 이어 2004년에는 샬럿 밥캣츠(지금의 샬럿 호니츠)가 창단하면서 30개 팀 체제를 갖추었다.

NBA 리그 구성

미국 29개 팀과 캐나다 1개 팀으로 구성된 30개 팀이 15팀씩 나뉘어 동부 컨퍼런스와 서부 컨퍼런스로 편성되며, 양대 컨퍼런스는 다시 각각 3개의 디비전으로 편성된다.

동부 컨퍼런스는 애틀랜틱 · 센트럴 · 사우스이스트의 3개 디비전으로 구성된다. 애틀랜틱 디비전에는 보스턴 셀틱스 · 브루클린 네츠 · 뉴욕 닉스 · 필라델피아 세븐티식서스 · 토론토 랩터스, 센트럴 디비전에는 시카고 불스 · 클리블랜드 캐벌리어스 · 디트로이트 피스턴스 · 인디애나 페이서스 · 밀워키 벅스, 사우스이스트 디비전에는 애틀랜타 호크스 · 샬럿 호니츠 · 마이애미 히트 · 올랜도 매직 · 워싱턴 위저즈가 소속되어 있다.

서부 컨퍼런스는 노스웨스트 · 퍼시픽 · 사우스웨스트의 3개 디비전으로 구성된다. 노스웨스트 디비전에는 덴버 너기츠 · 미네소타 팀버울브스 · 오클라호마시티 선더 · 포틀랜드 트레일블레이저스 · 유타 재즈, 퍼시픽 디비전에는 골든스테이트 워리어스 · LA 클리퍼스 · LA 레이커스 · 피닉스 선스 · 새크라멘토 킹스, 사우스웨스트 디비전에는 댈러스 매버릭스 · 휴스턴 로키츠 · 멤피스 그리즐리스 · 뉴올리언스 펠리컨스 · 샌안토니오 스퍼스가 소속되어 있다.

리그 운영 및 경기 방식

10월에 각 팀은 트레이닝 캠프에서 선수들의 평가를 받게 된다. 트레이닝과 평가를 통해 최종 선택된 12명의 선수와 3명의 대기자는 정규 시즌에 출전을 하게 된다. 트레이닝 캠프 후에 정규 시즌 전 시범경기(PRE-GAME)가 행해지며 정규시즌은 11월 첫째 주에 시작한다. 11월부터 다음 해 4월 하순까지 각팀별로 정규시즌을 갖고, 5–6월에 걸쳐 플레이오프와 챔피언시리즈를 갖는다. 종합해보면 6개월 간의 정규시즌 이후 1달 여에 걸쳐 플레이오프를 치른다.

정규시즌 동안 각 팀은 홈/어웨이 각각 41경기씩 총 82경기를 치른다. 1쿼터당 12분씩 경기를 하며 홈팀은 밝은색 유니폼(레이커스는 노란색)을 입고 원정팀은 짙은색을 입는다. 가끔은 홈팀이 짙은색을 입고 원정팀이 밝은색을 입을때도 있다. 같은 콘퍼런스의 같은 디비전의 4팀과 4경기씩(16경기)을 갖고, 같은 콘퍼런스의 다른 디비전의 10개 팀 중 6팀과는 4경기(24경기)를 갖고, 나머지 4팀과는 3경기씩(12경기)씩을 치른다. 그리고 다른 지구의 모든 팀과 2경기씩(30경기)씩을 치른다. 2월에는 정규시즌은 잠시 멈추고 NBA 올스타전 축제가 치러진다. 올스타전에서 가장 많은 활약을 한 선수는 NBA 올스타전 MVP가 주어진다. 올스타전 기간동안 루키 챌린지, 스킬 챌린지, 3점 슛 컨테스트, 슬램 덩크 컨테스트 등의 특별 행사도 함께 치러진다. 약 1주간의 올스타전 행사와 휴식을 기준으로 정규시즌을 전반기와 후반기로 구분하게 된다. 올스타전이 끝난 직후 시즌 16번째 목요일 3시가 트레이드 마감시한(trade deadline)이다. 트레이드 마감 시한 뒤에는 NBA 각 팀은 남은 시즌 동안 선수들을 상대팀에서 들여오거나 내보낼 수 없다. 4월이 끝날 즈음 정규시즌이 끝난다. 이때 개인상(Individual Award)을 투표를 하게 된다. 개인상에는 올해의 선수상(Most Valuable Player of the Year), 올해의 우수 후보선수상(Sixth Man of the Year Award), 올해의 신인상(NBA Rookie of the Year Award), 올해의 기량발전상(Most Improved Player Award), 올해의 수비선수상(Defensive Player of the Year Award), 올해의 감독상(Coach of the Year Award) 등이 있다. NBA는 1946년에 11개의 팀으로 시작하였으며 그 이후 팀들이 늘어갔다. 현재 30개의 NBA 팀이 구성되어 있다. 30개 팀 중 29개 팀이 미국에서 만들어졌으며 나머지 1개 팀은 캐나다에 위치해 있다. 보스턴 셀틱스이 NBA에서 17번의 최다 챔피언을 기록한 바 있다. 보스턴 셀틱스 다음의 성공적인 팀은 16번의 챔피언을 차지한 로스앤젤레스 레이커스이다. 세 번째로는 6번의 챔피언을 차지한 시카고 불스이다. 현재 NBA 리그 조직은 동부와 서부로 2개의 콘퍼런스로 분류되어 있고 각 콘퍼런스당 3개의 디비전으로 나뉘며 각 디비전에 5개의 팀씩 구성 되어 있다. 따라서 30개의 모든 팀은 각각 지역 구분에 소속된다. 이러한 구분은 2004-2005년 시즌에 만들어졌다. 그리고 래리 오브라이언 챔피언십 트로피(Larry O'Brien Championship Trophy)는 NBA 우승 결정 시리즈인 NBA 파이널의 우승팀에게 주어지는 트로피이다. 트로피는 1977년에 그때까지의 NBA 챔피언에게 수여된 월터 A. 브라운 트로피 대신 수여된다. 당시는 NBA 월드 챔피언십 트로피이며, 1975년부터 1984년까지 NBA 커미셔너였던 래리 오브라이언에서 따왔다.

서머리그

해마다 오프 시즌이 되면 NBA는 서머리그를 열어 유망주들의 기량을 팬들의 눈으로 확인할 수 있게 한다. 그해 드래프트에서 지명된 신인과 NBA 진출을 노리는 해외 유망주들, 하위 리그에서는 꿈의 무대 입성을 노리는 이들을 초대해 기회의 장을 제공한다. 커리, 듀란트, 조지, 크리스 폴, 블레이크 그리핀 등 대학 무대를 평정했던 이들이 서머리그를 통해 자신의 기량을 팬들에게 선보이며 각 구단 스카우터들에게 눈도장을 찍었다. 현재의 NBA 서머리그는 라스베이거스, 올랜도, 유타 3개 대회가 운영되고 있다.

동부 컨퍼런스 팀 – 대서양	동부 컨퍼런스 팀 – 중부
보스턴 셀틱스 (Boston Celtics)	시카고 불스 (Chicago Bulls)
브루클린 네츠 (Brooklyn Nets)	클리블랜드 캐벌리어스 (Cleveland Cavaliers)
뉴욕 닉스 (New York Knicks)	디트로이트 피스턴스 (Detroit Pistons)
필라델피아 세븐티식서스 (Philadelphia 76ers)	인디애나 페이서스 (Indiana Pacers)
토론토 랩터스 (Toronto Raptors)	밀워키 벅스 (Milwaukee Bucks)

동부 컨퍼런스 팀 – 남동부	서부 컨퍼런스 팀 – 북서부
애틀랜타호크스 (Atlanta Hawks)	덴버 너게츠 (Denver Nuggets)
샬럿호니츠 (Charlotte Hornets)	유타재즈 (Utah Jazz)
마이애미 히트 (Miami Heat)	미네소타 팀버울브스 (Minnesota Timberwolves)
올랜도 매직 (Orlando Magic)	오클라호마시티 선더 (Oklahoma City Thunder)
워싱턴위저즈 (Washington Wizards)	포틀랜드 트레일블레이저스 (Portland Trail Blazers)

서부 컨퍼런스 팀 – 태평양	서부 컨퍼런스 팀 – 남서부
로스앤젤레스 클리퍼스 (Los Angeles Clippers)	댈러스 매버릭스 (Dallas Mavericks)
로스앤젤레스 레이커스 (Los Angeles Lakers)	휴스턴로키츠 (Houston Rockets)
골든스테이트 워리어스 (GoldenState Warriors)	멤피스 그리즐리스 (Memphis Grizzlies)
새크라멘토 킹스 (Sacramento Kings)	뉴올리언스 펠리컨스 (New Orleans Pelicans)
피닉스 선스 (Phoenix Suns)	샌안토니오 스퍼스 (San Antonio Spurs)

• 80년대 주요팀

로스앤젤레스 레이커스(Los Angeles Lakers)

NBA 웨스턴콘퍼런스 태평양지구에 소속된 농구팀으로, 1947년 창단하였다. 연고지는 캘리포니아주(州) 로스앤젤레스이다. 원래는 미니애폴리스를 연고지로 하여 미니애폴리스 레이커스라는 팀명으로 창단하였으나 1960년 연고지를 로스앤젤레스로 옮기면서 지금의 팀명으로 바꾸었다. 팀명인 레이커스(Lakers)는 창단 당시 연고지인 미니애폴리스에 작은 호수들이 많은 데서 유래한다.

오랜 역사를 지닌 명문구단으로, 연고지가 같은 로스앤젤레스 클리퍼스에 비하여 전력이나 인기가 매우 높다. 2008-2009시즌까지 NBA 챔피언결정전에서 16회, 웨스턴콘퍼런스에서 30회, 소속 지구에서 31회 우승하였다.

1950년대까지 챔피언결정전에서 5회나 우승하는 등 창단 초반부터 강팀으로 자리잡았으나 1960년대에는 이스턴콘퍼런스의 보스턴 셀틱스에 밀려 한 번도 우승하지 못하였다. 1970년대 중반부터 다시 전력이 상승하여 1980년대까지 6회나 우승하였으나 1990년대 들어 매직 존슨(Magic Johnson)과 커림 압둘자바(Kareem Abdul-Jabbar)가 은퇴한 이후 하위권으로 밀려났다. 1999-2000시즌 샤킬 오닐(Shaquille O'Neal)과 코비 브라이언트(Kobe Bryant) 등의 활약으로 다시 우승을 차지하면서 강팀의 위상을 회복하였다.

2007-2008시즌에는 57승 25패 승률 0.695로 태평양지구 1위를 차지한 뒤 샌안토니오 스퍼스를 4승1패로 누르고 콘퍼런스 우승을 차지하였으나 챔피언결정전에서 보스턴 셀틱스에 2승4패로 패하였다. 2008-2009시즌에는 65승 17패 승률 0.793으로 태평양지구 1위에 올라 덴버 너게츠를 4승2패로 누르고 콘퍼런스 우승을 차지한 뒤 챔피언결정전에서 올랜도 매직을 4승1패로 누르고 16번째 우승을 차지하였다.

팀이 배출한 유명선수는 1948-1949시즌부터 3시즌 연속으로 득점왕을 차지한 조지 마이칸(George Mikan), 1969-1970시즌 득점왕인 제리 웨스트(Jerry West), 1975-1976시즌과 1976-1977시즌 연속하여 최우수선수로 선정된 커림 압둘자바, 1986-1987시즌부터 3시즌 연속하여 최우수선수로 선정된 매직 존슨이 있다. 이 밖에 샤킬 오닐은 정규시즌과 올스타전, 챔피언결정전에서 모두 최우수선수로 선정되었고, 코비 브라이언트는 2008년 정규시즌 최우수선수, 2009년 챔피언결정전 최우수선수로 선정되었다.

주요선수

- 카림 압둘-자바('75–'89) : '70, '71, '72, '74, '76, '77 NBA 정규리그 MVP
- 매직 존슨('79–'91, '95–'96) : '94감독, '80, '82, '87 NBA 파이널 MVP
- 코비 브라이언트('96–'16) : '02, '07, '09, '11 NBA 올스타전 MVP, NBA '07 정규리그 득점왕

보스턴 셀틱스(Boston Celtics)

NBA(National Basketball Association : 미국프로농구협회) 이스턴콘퍼런스 대서양지구(애틀랜틱디비전)에 소속된 농구팀으로, 1946년 창단하였다. 연고지는 매사추세츠주(州) 보스턴이다. 팀명인 셀틱스(Celtics)는 보스턴 지역에 많이 사는 아일랜드계 켈트족(Celts) 주민을 상징한다.

NBA 창설 멤버로 2008~2009시즌까지 대서양지구에서 27회, 이스턴콘퍼런스에서 20회 우승을 차지하였고, 챔피언결정전 우승 횟수는 17회로 NBA 팀 가운데 가장 많다.

1960년대에 빌 러셀(Bill Russell), 1970년대에 데이브 코웬스(Dave Cowens), 1980년대에 래리 버드(Larry Bird) 등 유명선수가 명문구단의 전통을 이었으나, 래리 버드가 은퇴한 후 1990년대 들어 전력이 크게 약해졌다. 1992년 대서양지구에서 우승한 뒤 2004년까지 한 차례도 지구 우승에 오르지 못하다가 2005년 다시 지구 우승을 차지하였다.

케빈 가넷(Kevin Garnett)과 레이 앨런(Ray Allen), 폴 피어스(Paul Pierce) 등 이른바 '빅3'가 합류한 2007~2008시즌에는 66승 16패로 리그 전체 1위를 차지하면서 챔피언결정전까지 올라 LA레이커스를 4대2로 누르고 22년만에 우승을 차지하였다.

2008~2009시즌에도 지구 우승을 차지하였으나 플레이오프 2라운드에서 올랜도 매직에 3대4로 패함으로써 콘퍼런스 결승에는 진출하지 못하였다. 홈구장은 1만 8600명 수용규모의 티디가든(TD Garden)이다.

주요선수

- 케빈 맥헤일('80–'93) - '84, '85 NBA 올해의 식스맨
- 래리버드('79–'92) - '80 NBA 올해의 신인상, '84, '85, '86 NBA 정규리그 MVP

• 90년대 주요팀

시카고 불스(Chicago Bulls)

시카고 불스(Chicago Bulls)는 미국 일리노이 주 시카고를 연고로 하는 NBA 동부 콘퍼런스 센트럴 디비전에 소속 프로 농구 팀이다.

1990년대 농구황제 마이클 조던과 역대 최고 스몰 포워드 중 한 명인 스카티 피펜의 활약으로 6번의 우승을 차지하며 명실상부 NBA 최고의 팀으로 떠올랐으며 NBA의 인기를 끌어올리는 데도 크게 기여했다. 하지만 1999년 마이클 조던이 은퇴한 이후로는 4시즌 연속 디비전 최하위에 6시즌 연속 플레이오프 진출에 실패할 정도로 긴 암흑기를 겪었다.

그러나 루올 뎅, 벤 고든, 타이슨 챈들러 같은 유능한 선수들이 합류하면서 2004–05시즌부터 3년 연속 플레이오프 진출에 성공했다. 2008년 드래프트에서 멤피스 대학교의 데릭 로즈를 전체 1위로 지명하고, 2011년에 정규시즌 MVP에 선정되었으며, 이러한 성과를 바탕으로 1990년대의 영광을 재현하려 하고 있다.

주요선수

- 마이클 조던('84–'93, '95–'98) : '85–'93 득점 1위, '91, '92, '93, '96, '97, '98 NBA 파이널 MVP
- 스카티 피펜('87–'98, '03–'04) : '94 올스타 게임 MVP

유타 재즈(Utah Jazz)

유타 재즈(Utah Jazz)는 미국 유타 주 솔트레이크시티를 연고지로 하는 NBA 서부 콘퍼런스 노스웨스트 디비전 소속 프로농구 팀이다.

1974년 루이지애나 주 뉴올리언스를 연고로 창단했으나, 1979년 유타 주 솔트레이크시티로 연고지를 이전했다. 창단 후 9시즌 동안 플레이오프 진출에 실패했으나, 10번째 시즌인 1983-1984시즌에 처음으로 플레이오프에 진출하는 데 성공했으며, 그 후 2003-2004시즌까지 연속으로 플레이오프에 진출했다.

1984년 드래프트에서 포인트 가드 존 스탁턴, 1985년 드래프트에서 파워 포워드 칼 말론을 지명하면서 강팀으로 부상했다. 특히 1988년 제리 슬로언이 감독이 된 후로는 더욱 강력해져서 1997년과 1998년 NBA 파이널에 진출했으나 두 번 모두 마이클 조던이 이끄는 시카고 불스에 패하면서 준우승을 기록했다.

2003년 존 스탁턴이 은퇴하고 칼 말론은 로스앤젤레스 레이커스로 떠나면서 침체에 빠졌으나, 포인트 가드 데런 윌리엄스, 파워 포워드 카를로스 부저의 등장으로 다시 강팀으로 올라섰다.

주요선수

- 칼 말론('86-'04) : '97 NBA 최고의 선수, '89, '99 NBA 정규리그 MVP
- 존 스탁턴('84-'03) : '89, '82 NBA 스틸왕

- **2000년대 주요팀**

샌안토니오 스퍼스(San Antonio Spurs)

샌안토니오 스퍼스(San Antonio Spurs)는 미국 텍사스 주 샌안토니오를 연고지로 하는 NBA 서부 콘퍼런스 사우스웨스트 디비전 소속된 미국 프로농구 팀이다.

ABA에서 넘어온 4팀 가운데 하나로(뉴욕 네츠, 인디애나 페이서스, 덴버 너기츠) 1976년 ABA가 NBA에 흡수합병되면서 넘어온 팀들 가운데 유일하게 우승을 차지한 팀이기도 하다. 2000년대 들어 강력한 수비를 바탕으로 3회 우승을 달성

했으며 지금까지 한 4번의 우승을 모두 홀수 년(1999년, 2003년, 2005년, 2007년)에 차지할 정도로 홀수 년에 강한 모습을 보여줬다.

샌안토니오 스퍼스는 NBA 파이널 최고승률 팀으로 2007년 NBA 파이널에선 클리블랜드 캐벌리어스를 4승으로 스윕하기도 했다. 또한 32번의 시즌 동안 15번의 디비전 우승을 달성하는 성과를 거두기도 했다. 2014년에 7년만에 NBA 파이널에 올라온 스퍼스는 히트를 꺾고 통산 5번째 우승을 달성했다.

주요선수

- 데이비드 로빈슨('89–'03) : '90 신인상, NBA 정규리그 MVP '92, '92 바르셀로나 올림픽 남자 농구팀 금메달, '96 애틀랜타 올림픽 남자 농구팀 금메달, '88 서울 올림픽 남자 농구팀 동메달 '95
- 팀 던컨('97–'16) : '97 신인상, '98, '00, '02, '03, '05 NBA 파이널 MVP

디트로이트 피스턴스(Detroit Pistons)

디트로이트 피스턴스(Detroit Pistons)는 미국 미시간 주 오번 힐스를 연고지로 하는 NBA 동부 콘퍼런스 센트럴 디비전 소속 프로농구 팀이다. 1941년 구단주 프레드 졸너에 의해 창단되어 NBL에서 뛰었으며, 현 NBA 팀들 중 가장 오랜 역사를 자랑하는 팀이다.

1948년에 NBA의 전신인 BAA로 합류하였고 1949년엔 구단주 프레드 졸너가 BAA와 NBL이 합병하여 NBA를 만드는 데 큰 역할을 하기도 했다. NBL에선 2회 우승을 차지할 정도로 강팀이었던 피스턴스는 NBA 합류 이후 약 40여년간 이렇다할 성적을 내지 못했다. 하지만 1980년대 후반 감독 척 댈리의 지도력과 '배드 보이즈'(BAD BOYS)의 능력이 결합하면서 컨퍼런스 3연패, 리그 2연패의 위업을 달성했다.

그로부터 약 10년 뒤인 2000년대에 접어들면서 피스턴스는 다시 상승세를 타기 시작, 2004년에 로스앤젤레스 레이커스를 4승 1패로 누르고 14년만의 우승을 달성했다. 다음 해인 2005년엔 NBA 결승전에서 샌안토니오 스퍼스에 3승 4패로 아깝게 패배하며 준우승에 그쳤다. 그 이후로도 고승률을 유지하며 꾸준히 컨퍼런스 파이널에 진출, 동부 컨퍼런스의 강자로 자리매김했다.

주요선수

- 천시 빌럽스('02–'08, '13–'14) : 2004 NBA 파이널 MVP
- 벤 월러스('00–'06, '09–'12) : 2002 NBA 올해의 수비상

• 2010년대 주요팀

클리블랜드 캐벌리어스(Cleveland Cavaliers)

클리블랜드 캐벌리어스(Cleveland Cavaliers)는 미국 오하이오 주 클리블랜드를 연고로 하는 NBA 동부 콘퍼런스 센트럴 디비전 소속 프로농구 팀이다.

1970년 NBA에 합류한 이후 오랜 시즌을 뛰었지만 통합우승을 달성하진 못했다. 2003년 NBA 드래프트에서 포워드 르브론 제임스를 뽑은 뒤로는 상승세를 타기 시작하여 2006–2007시즌 디트로이트 피스턴스를 4승2패로 꺾고 팀 창단 이후 최초로 동부 컨퍼런스 우승을 달성하는 데 성공했다. 하지만 팀 최초로 진출한 NBA 결승전에서 샌안토니오 스퍼스에게 4패로 패하며 우승 문턱에서 좌절하고 말았다. 팀의 주장인 르브론 제임스를 중심으로 2006년에 영입한 파워포워드(혹은 센터) 벤 월러스, 리투아니아 출신 센터 지드루나스 일가우스카스 등으로 팀을 구성하여 NBA 통합우승에 도전했지만 실패하게 된다.

2010년에 르브론 제임스는 디시전 쇼를 열며 클리블랜드를 떠나 마이애미 히트로 이적을 선언하고, 캐벌리어스에서의 제임스 시대는 저물게 된다. 하지만 2011년 NBA 드래프트에서 1순위 지명권을 쥔 캐빌리어스는 포인트 가드 카이리 어빙을 지명하며, 어빙를 중심으로 다시 팀을 꾸린다.

주요선수

- 샤킬 오닐('09–'10) : '09 NBA 올스타전 MVP
- 르브론 제임스('03–현재) : '04 NBA 신인상, '12 ESPY 어워드 올해의 선수상

골든스테이트 워리어스(Golden State Warriors)

골든스테이트 워리어스(Golden State Warriors)는 미국 캘리포니아 주 오클랜드를 연고지로 하는 NBA 서부 콘퍼런스 퍼시픽 디비전 소속된 프로 농구팀이다.

1946년 NBA의 전신인 BAA 소속으로 펜실베이니아 주 필라델피아에서 창단했으며 창단 첫 시즌인 1946–1947시즌에 우승을 달성했다. 이는 BAA 창설 이후 첫 우승으로 NBA 사상 첫 번째 우승이다. 1962년 캘리포니아 주 샌프란시스코로 이전하면서 팀 이름을 '샌프란시스코 워리어스'로 바꿨고, 1971년부터 연고지를 캘리포니아 주 오클랜드로 옮기면서 지금의 팀명인 '골든스테이트 워리어스'를 사용했다.

워리어스는 1946–1947 시즌 외에 1955–1956시즌과 1974–1975시즌에 두 번의 리그 우승을 차지해 총 3회 우승의 경력을 갖고 있는데, 이는 필라델피아 세븐티식서스, 디트로이트 피스턴스와 함께 공동 5위에 해당하는 기록이다.

주요선수

- 윌트 체임벌린('36–'99) : '60 NBA 올해의 신인상 '67, '66, '68 NBA 정규리그 MVP, '72 NBA 파이널 MVP
- 스테판 커리('07–현재) : '15 NBA 정규리그 MVP

여자 프로농구

WNBA(Women's National Basketball Association)는 1997년 NBA(미국 프로농구) 산하단체로 출범한 여자프로농구리그이다.

출범 당시 ABL 등 세미프로리그 성격의 몇 개 리그가 있었으나 NBA의 재정지원에 힘입어 다른 리그들을 모두 흡수하며 미국을 대표하는 여자농구리그가 되었다. 8개 팀으로 시작해 2000년 16개 팀으로 늘어났으나 2002년 시즌 2개 팀이 해체돼 2003년 시즌부터 동 · 서부 콘퍼런스에 각각 7개 팀씩 14개 팀이 리그를 벌였다. 2012년 기준 12개 팀으로 구성되어 있다. 정규리그는 매년 6월 초부터 3개월간 팀당 34경기씩 치르고, 상위 4개 팀이 플레이오프를 거쳐 콘퍼런스 우승팀끼리 챔피언을 가린다. 우리나라 선수로는 최초로 정선민이 2003년 신인드래프트에서 시애틀 스톰에 지명되어 WNBA에 진출하기도 했다.

동부 컨퍼런스 팀	서부 컨퍼런스 팀
애틀랜타 드림 (Atlanta Dream)	댈러스 윙스 (Dallas Wings)
시카고 스카이 (Chicago Sky)	로스앤젤러스 스파크스 (Los Angeles Sparks)
코네티컷 선 (Connecticut Sun)	미네소타 링크스 (Minnesota Lynx)
인디애나 피버 (Indiana Fever)	피닉스 머큐리 (Phoenix Mercury)
뉴욕 리버티 (New York Liberty)	샌안토니오 스타스 (San Antonio Stars)
워싱턴 미스틱스 (Washington Mystics)	시애틀 스톰 (Seattle Storm)

다. 스페인의 프로농구

클럽대항전인 유로리그와 유로컵을 제외하고 단일 리그로서 명실상부 최고의 리그로 평가받는 스페인 ACB (Liga Endesa) 이다. 스폰서 명칭에 따라 ACB나 Liga Endesa로 불린다. 남유럽 경제 여파로 최근에는 다소 주춤하지만, 경쟁력과 흥행, 시스템 등 전반적인 체계가 잘 잡혀있는 리그이다.

10월 초 리그가 시작되어, 이듬해 5월 말에 정규 시즌이 끝난다. 1부리그는 18개 팀으로 구성되어 있고, 각 팀은 홈 & 원정 방식으로 시즌에 34경기를 치른다. 이번 2015-16시즌은 스페인 17개 팀과 안도라 1팀이 경쟁하고 있다. 1주일에 한 번 (보통 일요일) 경기가 열리며, 지난 시즌 성적이 좋은 팀은 클럽대항전(유로리그, 유로컵)에도 출전한다. 상위 8개 팀이 플레이오프에 진출하고, 하위 2개 팀은 2부리그로 강등된다. 12인 로스터는 2명의 비유럽 선수, 5명의 유럽과 Cotonou 조약 체결 국가 선수, 5명의 홈 그라운 (Home grown player, 자국 선수 및 스페인 유스팀 출신) 선수로 이루어진다. 외국인선수의 자격을 비유럽과 유럽 출신으로 차등을 두고 있어, 유럽 선수의 비중이 상대적으로 높다. 또, 활발한 스카우트 시스템으로 유럽과 중남미, 아프리카 출신의 많은 유망주가 유스팀에 입단한다. 올해 뉴욕 닉스에서 뛰고 있는 라트비아 출신의 Kristaps Porzingis도 CB Sevilla 유스팀에서 기량을 다졌다. ACB에 참가하기 위해서, 해당 클럽은 최소 5,000명이 수용 가능한 홈 경기장을 보유해야 합니다. 매년 6,000여 명의 평균 관중을 기록하며 지속해서 흥행 가도를 달리고 있다. 기아자동차가 스페인 농구리그를 오래전부터 공식 후원하고 있습니다. 경기 하이라이트 영상에도 'Top7 KIA'가 실리고 'KIA SuperManager' 이라는 시뮬레이션 게임도 운영하고 있다.

ACB 리그 17개구단	
바스코니아 (Baskonia)	레알 베티스 에너지 플러스 (Real Betis Energía Plus)
요벤투트 바달로나 (Divina Seguros Joventut)	레알마드리드 (Real Madrid)
바르셀로나 (FC Barcelona Lassa)	빌바오 바스켓 (RETAbet Bilbao Basket)
그란 카나리아 (Herbalife Gran Canaria)	오브라도이로 (Rio Natura Monbus Obradoiro)
이베르스타 테네리페 (Iberostar Tenerife)	사라고라 (Tecnyconta zaragoza)
만레사 (ICL Manresa)	우니카하 (unicaja)
후엔라블라다 (Montakit Fuenlabrada)	무르시아 (Universidad Católica de Murcia)
안도라 (MoraBanc Andorra)	발렌시아 바스켓 (Valencia Basket)
에스투디안테스 (Movistar Estudiantes)	

라. 중국의 프로농구

CBA는 Chinese Basketball Association(중국농구협회)의 약자이다. 지난 1995년 출범하여 지금은 20개 팀이 치열한 경쟁을 펼치고 있다. 누구나 알만한 중국의 농구 스타 야오밍을 비롯해서 왕즈즈, 이지안리안 등 CBA출신 스타들이 NBA에 진출해 좋은 활약을 하면서 CBA의 수준이 이미 아시아의 수준을 벗어났음을 세계에 알렸다. 아시아 최고리그라고 불리기는 하지만 아직은 세계5대리그에 포함되지 못한다음 아쉬운 점도 가지고 있다.

한국 KBL과 마찬가지로 중국의 각 지역에 프로팀들이 있다. 11월 30일 현재, 리그 1위를 질주 하고 있는 북경팀을 시작으로 산동, 광동, 천진, 장수, 신강 등 각지에 프로농구팀이 있습니다. 그래서 경기가 열리는 날이면 많은 중국인들이 경기장을 찾고 있다. 중국인들은 워낙 농구를 좋아하기 때문에 경기장의 열기는 이루 말할 수가 없다.

중국은 자국프로리그인 CBA뿐만 아니라 유소년 농구에 많은 투자를 하고 있다. 2009년 급격히 성장한 중국경제에 힘입어 지난 4년간 CBA에 위안화 80억 위안, 한화로 약 15조에 이르는 어마어마한 투자를 하며 자국리그의 경쟁력을 키웠다. 유소년 농구 역시 2009년부터 어린 선수들의 미국농구유학을 지원하는 등 미래를 위한 노력을 계속하고 있다.

CBA 리그 20개 구단	
남부지구	북부지구
바이 로키츠 (Bayi Rockets) 福建	베이징 덕스 (Beijing Ducks) 北京
포산 롱-라이온즈 (Foshan Long-Lions) 佛山	베이콩 플라잉 드래곤즈 (Beikong Fly Dragons) 北京
푸젠 스터전스 (Fujian Sturgeons) 福建	지린 노스이스트 타이거즈 (Jilin Northeast Tigers)

CBA 리그 20개 구단	
남부지구	**북부지구**
광둥 사우즌 타이거즈 (Guangdong Southrn Tigers) 广东	랴오닝 플라잉 레오파드 (Liaoning Fly Leopards) 辽宁
장쑤 드래곤즈 (Jiangsu Dragons) 樟树	칭다오 이글스 (Qingdao Eagles) 青岛
장쑤 통시 몽키킹스 (Jiangsu Tongxi Monkey Kings) 樟树 同曦	산둥 골든스타즈 (Shandong Golden Stars) 山东
상하이 샤크스 (Shanghai Sharks) 上海	산시 브레이브 드래곤즈 (Shanxi Brave Dragons) 陕西
선전 레오파드 (Shenzhen Leopards) 深圳	쓰촨 블루웨일스 (Sichuan Blue Whales) 四川
저장 골든불스 (Zhejiang Golden Bulls) 浙江	톈진 골드 라이온즈 (Tianjin Gold Lions) 天津
저장 광사 라이온즈 (Zhejiang Guangsha Lions) 浙江	신장 플라잉 타이거즈 (Xinjiang Flying Tigers) 新疆

4. 세계의 선수

가. 한국 선수

신동파

출 생	1944년 9월 2일, 함경남도 안변	
신 체	190cm, 90kg	
학 력	휘문중 - 휘문고 - 연세대	
포 지 션	슈팅가드	
약 력	'62 ~ '74	국가대표
	'67 ~ '74	중소기업은행
	'75 ~ '91	태평양화학 감독
	'78 ~ '88	여자농구대표팀, 감독, 코치
	'91 ~ '97	SBS농구감독, 총감독, 부국장
	'99	대한농구협회 전무이사
	'02	대한농구협회 부회장
수 상	체육훈장 맹호장, 백마장	

김동광

출 생	1953년 1월 5일, 경상남도 부산	
신 체	184cm, 82kg	
학 력	송도중 - 송도고- 고려대	
포 지 션	가드	
약 력	'72	아시아농구청소년대회 국가대표
	'74 ~ '82	중소기업은행 선수
	'83 ~ '85	바레인 국가대표팀 감독
	'85	중소기업은행 코치
	'87 ~ '92	중소기업은행 감독
	'94 ~ '98	안양 SBS 스타즈 감독
	'98 ~ '04	서울 삼성 썬더스 감독
	'04 ~ '06	안양 SBS 스타즈 감독
	'05 ~ '06	안양 KT&G 카이츠 감독
	'12 ~ '14	서울 삼성 썬더스 감독

이충희

출 생	1959년 11월 7일, 강원도 철원	
신 체	182cm, 79kg	
학 력	송도중 - 송도고 - 고려대- 고려대(석) 용인대(박)	
포 지 션	가드	
약 력	'81 ~ '92	현대전자 농구단 선수
	'92	대만 홍쿠오팀 플레잉코치
	'95	대만 홍쿠오팀 감독
	'97 ~ '00	LG 세이커스 감독
	'03	고려대학교 농구부 감독
	'06	동국대학교 농구부 감독
	'07	대구 오리온스 감독
	'09 ~ '09	고려대학교 농구부 감독
	'13	KBS N 농구 해설위원
	'13 ~ '14	원주 동부 프로미 감독

김현준

출 생	1960년 6월 3일, 대한민국	
신 체	183cm, 79kg	
학 력	광신상업고 - 연세대	
포 지 션	슈팅 가드	
약 력	'83 ~ '95	삼성전자 농구단 선수
	'96	삼성 농구단 코치
	'97	수원 삼성 썬더스 감독대행
	'98 ~ '99	수원 삼성 썬더스 코치

허재

출　　생	1965년 09월 28일, 강원도 춘천	
신　　체	188cm, 80kg	
학　　력	용산중 – 용산고 – 중앙대	
포 지 션	가드	
약　　력	'85 ~ '99	대한민국 농구 국가대표팀 감독
	'88 ~ '98	부산 기아 엔터프라이즈 선수
	'98 ~ '04	원주 TG삼보 엑써스 선수
	'05 ~ '15	전주 KCC 이지스 감독
	'16 ~	대한민국 농구 국가대표팀 감독

이상민

출　　생	1972년 11월 11일, 대한민국	
신　　체	183cm, 80kg	
학　　력	홍대부고 – 연세대	
포 지 션	포인트 가드	
약　　력	'95 ~ '07	현대전자/대전 현대 다이넷/현대 걸리버스/ 전주 KCC 이지스 선수
	'07 ~ '10	서울 삼성 썬더스 선수
	'12 ~ '14	서울 삼성 썬더스 코치
	'14 ~	서울 삼성 썬더스 감독

서장훈

출 생	1974년 06월 03일, 서울특별시	
신 체	207cm, 115kg	
학 력	휘문중 – 휘문고 – 연세대	
포 지 션	센터	
약 력	'98 ~ '01	청주 SK 나이츠
	'01 ~ '02	서울 SK 나이츠
	'02 ~ '07	서울 삼성 썬더스
	'07 ~ '08	전주 KCC 이지스
	'08 ~ '11	인천 전자랜드 엘리펀츠
	'11 ~ '12	창원 LG 세이커스
	'12 ~ '13	부산 KT 소닉붐

김주성

출 생	1979년 11월 09일, 부산광역시	
신 체	205cm, 92kg	
학 력	영남중 – 동아고 – 중앙대	
포 지 션	포워드	
약 력	'02	TG 삼보 엑써스
	'05 ~	원주 동부 프로미
	'06	월드바스켓볼챌린지 국가대표
	'07	제24회 FIBA 아시아 남자농구선수권대회 국가대표
	'10	제16회 광저우 아시안게임 남자 농구 국가대표
	'11	제26회 FIBA 아시아 남자농구선수권대회 국가대표
	'13	제27회 FIBA 아시아 남자농구선수권대회 국가대표
	'14	제17회 인천 아시안게임 남자 농구 국가대표

나. 미국 선수

카림 압둘자바

출 생	1947년 04월 16일, 미국	
신 체	219cm, 105kg	
데 뷔	1969년 밀워키 벅스 입단	
포 지 션	센터	
약 력	'69 ~ '75	밀워키 벅스 선수
	'75 ~ '89	LA 레이커스선수
	'95	NBA 명예의전당헌액
	'04	뉴욕 닉스 고문
	'05	LA 레이커스센터코치
	'12 ~	미국 국제문화대사

래리버드

출 생	1956년 12월 07일, 미국	
신 체	205cm, 99kg	
데 뷔	1978년 보스턴 셀틱스 입단	
포 지 션	스몰 포워드	
약 력	'79 ~ '92	보스턴 셀틱스 선수
	'93	보스턴 셀틱스 코치
	'97 ~ '00	인디애나 페이서스 감독
	'98	미국 프로농구 명예의 전당
	'03 ~ '12	인디애나 페이서스 회장

매직존슨

출 생	1959년 08월 14일, 미국	
신 체	206cm, 100kg	
데 뷔	1979년 LA레이커스 입단	
포 지 션	포인트 가드, 파워 포워드	
약 력	'79 ~ '91, '96	LA 레이커스 선수
	'87, '89, '90	정규시즌 MVP
	'92	제25회 바르셀로나 올림픽 미국 농구 국가대표
	'12 ~	LA 다저스 공동구단주

마이클 조던

출 생	1963년 02월 17일, 미국	
신 체	198cm, 98kg	
데 뷔	1984년 시카고불스 입단	
포 지 션	슈팅가드	
약 력	'84	제23회 로스앤젤레스 올림픽 미국 농구 국가대표
	'84 ~ '93	시카고 불스
	'85 ~ '93	NBA 올스타
	'92	제25회 바르셀로나 올림픽 미국 농구 국가대표
	'94 ~ '95	버밍햄 배론스
	'95 ~ '98	시카고 불스
	'96 ~ '98	NBA 올스타
	'01 ~ '03	워싱턴 위저즈
	'02 ~ '03	NBA 올스타
	'09	명예의 전당 헌액
	'10 ~ '14	샬럿 밥캐츠 구단주
	'14 ~	샬럿 호네츠 구단주

샤킬오닐

출 생	1972년 03월 06일, 미국	
신 체	216cm, 147kg	
데 뷔	1992년 올랜도 매직 입단	
포 지 션	센터	
약 력	'92 ~ '96	올랜도 매직
	'96 ~ '04	LA 레이커스
	'96	제26회 애틀랜타 올림픽 미국 남자 농구 국가대표
	'04 ~ '08	마이애미 히트
	'08 ~ '09	피닉스 선즈
	'09 ~ '10	클리블랜드 캐벌리어스
	'10 ~ '11	보스턴 셀틱스
	'11 ~	NBA TNT 농구해설위원

아이버슨

출 생	1975년 06월 07일, 미국	
신 체	182cm, 75kg	
데 뷔	1996년 필라델피아 세븐티식서스 입단	
포 지 션	슈팅가드	
약 력	'96 ~ '06	필라델피아 세븐티식서스
	'04	제28회 아테네 올림픽 미국 농구 국가대표
	'06 ~ '08	덴버 너기츠
	'08 ~ '09	디트로이트 피스톤즈
	'09	멤피스 그리즐리스
	'09	NBA 올스타전 동부컨퍼런스
	'09 ~ '10	필라델피아 세븐티식서스
	'10 ~ '11	Besiktas Milangaz

코비브라이언트

출 생	1978년 08월 23일, 미국	
신 체	198cm, 96kg	
데 뷔	1996년 LA 레이커스 입단	
포 지 션	슈팅가드	
약 력	'96 ~ '16	LA 레이커스
약 력	'98	NBA 올스타
	'00	NBA 올스타
	'02 ~ '04	NBA 퍼스트팀
	'06	미국 남자농구 국가대표
	'06	NBA 퍼스트팀
	'07	미국 남자농구 국가대표
	'07	NBA 올스타
	'08	제29회 베이징 올림픽 미국 농구 국가대표
	'09	NBA 올스타전 서부컨퍼런스
	'11	NBA 퍼스트팀
	'12	제30회 런던 올림픽 미국 남자 농구 국가대표

케빈 듀란트

출 생	1988년 09월 29일, 미국	
신 체	206cm, 108kg	
데 뷔	2007년 시애틀 슈퍼소닉스 입단	
포 지 션	포워드	
약 력	'07 ~ '08	시애틀 슈퍼소닉스
	'08 ~ '16	오클라호마시티 썬더
	'12	제30회 런던 올림픽 미국 남자 농구 국가대표
	'16 ~	골든 스테이트 워리어스

르브른 제임스

출 생	1984년 12월 30일, 미국	
신 체	203cm, 113kg	
데 뷔	2003년 클리블랜드 캐벌리어스 입단	
포 지 션	포워드	
약 력	'03 ~ '10	클리블랜드 캐벌리어스
	'04	제28회 아테네 올림픽 미국 농구 국가대표
	'05	NBA 올스타
	'06	NBA 퍼스트 팀
	'07	NBA 올스타
	'08	제29회 베이징 올림픽 미국 농구 국가대표
	'09	NBA 올스타전 동부컨퍼런스
	'10 ~ '14	마이애미 히트
	'11	NBA 퍼스트 팀
	'12	제30회 런던 올림픽 미국 남자 농구 국가대표
	'14 ~	클리블랜드 캐벌리어스

스테판 커리

출 생	1988년 03월 14일, 미국	
신 체	190cm, 86kg	
데 뷔	2009년 골든 스테이트 워리워스 입단	
포 지 션	가드	
약 력	'09 ~	골든 스테이트 워리어스
	'14 ~ '16	NBA 올스타
	'15 ~ '16	정규시즌 MVP

다. 기타 국가 선수

하킴 올라주원

출 생	1963년 01월 17일, 나이지리아	
신 체	213cm, 115kg	
데 뷔	1984년 휴스턴 로키츠 입단	
포 지 션	센터	
약 력	'84 ~ '01	휴스턴 로키츠
	'01 ~ '02	토론토 랩터스
	'08	미국 농구 명예의 전당 헌액

더크 노비츠키

출 생	1978년 6월 19일, 독일	
신 체	213cm, 111kg	
데 뷔	1994년 DJK 뷔르츠부르크	
포 지 션	포워드	
약 력	'94 ~ '98	DJK 뷔르츠부르크
	'98	밀워키 벅스
	'98 ~	댈러스 매버릭스
	'08	제29회 베이징 올림픽 독일 남자 농구 국가대표
	'09	NBA 올스타전 서부컨퍼런스
	'11	유럽남자농구선수권대회 독일 국가대표

야오밍

출 생	1980년 9월 12일, 중국	
신 체	229cm, 140kg	
데 뷔	1997년 상하이 샤크스	
포 지 션	센터	
약 력	'97 ~ '02	상하이 샤크스
	'02 ~ '11	휴스턴 로키츠
	'04	제28회 아테네 올림픽 중국 농구 국가대표
	'06	제2회 아시아 스탄코비치컵 남자농구대회 중국 국가대표
	'07	NBA 올스타 선정
	'08	제29회 베이징 올림픽 중국 농구 국가대표
	'09	NBA 올스타전 서부컨퍼런스

토니 쿠코치

출 생	1968년 9월 28일, 크로아티아	
신 체	211cm, 107kg	
데 뷔	1990년 시카고 불스	
포 지 션	포워드	
약 력	'85 ~ '91	유고플라스티카 스필트
	'91 ~ '93	트레비소 SPA
	'93 ~ '00	시카고 불스
	'00 ~ '01	필라델피아 76ers
	'01 ~ '02	애틀랜타 호크스
	'02 ~ '06	밀워키 벅스

파우가솔

출 생	1980년 7월 6일, 스페인	
신 체	213cm, 113kg	
데 뷔	2001년 FC 바르셀로나 바스켓 입단	
포 지 션	센터, 포워드	
약 력	'98 ~ '01	FC 바르셀로나 바스켓
	'01 ~ '08	멤피스 그리즐리스
	'04	제28회 아테네 올림픽 스페인 남자 농구 국가대표
	'06	제15회 세계남자농구선수권대회 스페인 국가대표
	'08	제28회 베이징 올림픽 스페인 남자 농구 국가대표
	'08 ~ '14	LA 레이커스
	'09	NBA 올스타전 서부컨퍼런스
	'11	유럽남자농구선수권대회 스페인 국가대표
	'12	제30회 런던 올림픽 스페인 남자 농구 국가대표
	'14	시카고 불스
	'16 ~	샌안토니오 스퍼스